나는 세상을 리셋하고 싶습니다

나는 / 세상을 / 리셋하고 / 싶습니다

엄기호 지음

창비
Changbi Publishers

시간을 이기고 변화를 보라

나는 역사의 힘을 믿는다. 역사의 힘을 믿는다는 것은 '진보'進步
를 믿는다는 말이다. 때로는 굽어가기도 하고, 돌아가기도 하며 뒤
로 갔다가 다시 앞으로 갈 때도 있지만 어쨌든 역사는 앞으로 나아
간다는 것을 믿는다. 이런 점에서 나는 어쩔 수 없는 '진보주의자'
이며 '낙관주의자'다. 그러지 않으면 살아갈 수가 없다. 역사가 아
니면 희망을 찾고 걸 곳이 없기 때문이다.

그러나 역사의 힘을 믿는 이들이 늘 낙관적인 것은 아니다. 나를
포함해 역사를 믿는다고 말하는 내 주변 사람들을 보면 이들의 감
정 상태는 '조울증'에 가깝다. 역사가 앞으로 나아가는 것같이 보
이면 몹시 환호하고 열광한다. 그러다 다시 그 역사가 뒤로 가는

것 같은 모습을 보면 끝없이 절망한다. 자기가 역사의 주인이라고 말하면서도 사실은 역사의 변덕에 따라 자기 감정을 주체하지 못해 끌려다닌다.

2008년 광우병 사태와 그 이후 벌어진 일련의 사건들을 통해 역사를 믿는다는 나 같은 사람들은 자신의 조울증적 태도를 극명하게 보여줬다. 그들은 광장이 열릴 때마다 미친 듯이 열광했다. "가만히 있으라"와 "안녕들 하십니까" 같은 새로운 바람이 불면 조증 상태가 되어 뛰쳐나갔다. 그러나 광장이 닫히면 이제 모든 역사가 끝난 것처럼 절망했다. 다시는 그런 '희망의 순간'이 오지 않을 것처럼 울증에 빠져 허우적거렸다.

많은 이들이 그랬다. 그래서 울증 상태가 디폴트였던 지난 수년간 사람들은 만날 때마다 물었다. "희망이 있나요?" "대안이 있나요?" 그들에게 왜 절망하는지 물으면 하나같이 같은 말을 했다. 도저히 안 바뀔 것 같다는 것이다. 무슨 노력을 해도 이 사회가, 우리 삶이 안 바뀔 것 같아서 절망스럽다고 했다. 정치와 사회뿐만이 아니다. 학교에 대해 이야기하면 학교가 안 바뀔 것 같다고 말했고, 사회운동에 대해 이야기하면 사회운동 방식이 안 바뀔 것 같다고 말했다. 삶의 전 영역이 어떤 지점에서 딱 막혀 도저히 앞으로 나아가지 않을 것 같아 절망스럽다는 것이다. 그리고 그들 모두는 하나같이 그럼에도 역사를 믿는다고 말했다.

그렇다면 역사를 믿는 이들의 우울은 믿는 대로 되지 않아서 오는 것이 아니라 믿기 때문에 오는 것인지도 모른다. 나는 나에 비추어 나와 비슷한 다른 이들의 마음을 들여다보며 그 이유를 찾았다. 그리고 하나를 발견했다. 내가 믿는다는 역사와 내가 가진 '변화의 시간'에 대한 감각이 불일치하고 있으며, 그 불일치가 이 조울증의 원인이라는 것을 말이다. 이 불일치를 직시하고 해소하지 않으면 그 어떤 대안이나 해법을 제시하더라도 돌아보지 않게 된다는 것을 알게 되었다.

내가 주로 들여다보는 교육과 학교를 예로 들어 이 문제를 보자. 지금 학교 현장에 있는 사람들의 경험 속에서 학교는 요지부동이다. 느리게 변화하는 게 아니라 아예 변화 자체를 거부하고 있다. 그래서 절망스럽다고 말한다. 그런데 정말 변화하지 않았을까? 교사들과 이 이야기를 해보면 재밌는 것을 발견할 수 있다. 정말 변하지 않는다는 교육과 학교는 사실 꾸준히 변해왔다. 10년 전이라면 상상할 수도 없는 많은 변화가 있었다. 자유학기제가 그렇고 무상급식이 그렇다. 조금 더 긴 시간으로 보면 생각한 것보다 훨씬 더 많이 변화했다는 것을 알 수 있다.

정치와 사회의 영역도 마찬가지다. 우스갯소리처럼 떠돌고 있지만 허경영 씨의 대선 공약은 10년 전에는 헛소리였다. 그러나 지금은 그의 공약이 하나둘씩 현실화되거나 토론되고 있다. 노인수당은 이미 정책이 되었고 모병제도 의제로 올라왔다. 출산장려금도 그렇다. 나는 그가 선지자였다고 말하려는 것이 아니다. 그보다는 우리가 이전에는 정치적 의제나 정책의 대상이 될 거라고 생각지도 않았던 것들이 정책이 되고 의제가 될 정도로 많은 변화가 있었다는 것이다.

그럼에도 불구하고 우리는 변하지 않는다고 느낀다. 그것은 변화의 시간에 대한 우리의 감각이 점점 짧아졌기 때문이다. 나는 이것이 우리가 성격이 급해져서 벌어지는 문제가 아니라 통치의 방식이 아닌가 하는 의심을 요즘 하고 있다. 즉 우리 주변의 장치들과 그 장치들이 배치되는 방식이 변화에 대한 우리의 시간 감각을 통째로 바꾸고 있으며, 그것이 역사와 시간의 변화를 대치시키며 역사에 대해 불신하고 절망하게 만드는 것이 아닌지 의심하는 것이다.

그 결과 우리는 변화하는 시간의 길이를 견디지 못하게 되었다. 시간을 이기지 못하고 있는 것이다. 세월호 사건에 대해서도 사람들이 가장 많이 하는 말이 "언제 적 세월호냐"이다. 세월호 문제가 해결되지 못한 채 끌고 있는 그 시간을 이기지 못한다. 그래서 끈질긴 해결을 통해 역사를 만들기보다는 망각을 통해 역사를 무력화시키는 길을 택한다. 망각이 역사를 대체한다. 현실의 역사를 외면하고 대신 멀리 있는 역사를 역사에 대한 알리바이로 불러온다.

변화에 대한 시간의 감각을 바꿈으로써 역사에 대해 절망하게 하고, 이를 통해 사람을 무기력하게 만듦으로써 '아무것도 가능하지 않다. 그러니 싹 다 망해버려야 한다'라고 생각하는 사람들이 점점 늘고 있다. 시간의 변화에 대한 감각과 역사에 대한 괴리 속에서 내가 이 책에서 말하는 '리셋'만이 유일하게 상상 가능한 것이 되고 있다. 이런 점에서 현재의 체제에서는 사람의 심리를 넘어 감각 그 자체를 통제하고 생산하는 것을 통해 통치가 작동하고 있는 것은 아닌지 의심하게 된다.

그러므로 역사를 믿는다는 것은 자신의 변화의 시간에 대한 감각을 끊임없이 의심하고 돌아보는 것을 포함해야 한다. 이 시간의 변화에 대한 자신의 감각에 빠져 허우적거리면 조울증이 오지 않을 수 없다. 말로는 '우리'가 역사의 주인이라고 하지만 언제나 역사의 변덕에 따라 널뛰듯 오가는 그런 최악의 조울증에 빠져든다. 삶의 공간이라는 현장은 내팽개친 채 광장만 바라보면서, '폐인'처럼 말이다.

우리는 광장의 조증과 삶의 울증을 반복하고 있다. 삶의 울증이 심각할수록 현장을 바꾸려고 하기보다는 광장의 조증을 갈망한다. 삶의 울증과 광장의 조증 사이의 간격이 넓을수록 광장을 대신하는 정치의 공간에서 대중의 인기를 끄는 자는 두테르테나 트럼프 같은 정치인이다. 그들은 마치 콜로세움의 검투사처럼 말하고 행동한다. 그 사냥과 검투의 스펙터클이 끊임없이 대중을 흥분시킨다. 삶에 남은 '흥분'은 그것밖에 없는 것처럼 보인다.

역사를 믿는다는 사람들이 조울증에 빠지는 이유가 하나 더 있다. 역사에서 후퇴는 없다고 확신하는 그 순간 역사가 후퇴한다는 것을 역사를 믿는다는 사람들은 모르고 있었다. 그래서 민주주의가 이 정도 되면 후퇴는 불가능하다고 믿기 시작한 그 순간부터 사실 민주주의는 후퇴했다. 사람들이 역사에 교만을 품은 순간 역사는 뒷걸음질 치며 역사를 믿는 사람들을 배신했다. 사실 그 배신은 역사가 배신한 것이 아니라 역사에 교만했던 사람들이 자초한 것이지만 말이다.

우리는 지난 10년간 바로 이 역사를 과신할 때 민주주의가 어떻게 후퇴하는지를 뼈저리게 경험했다. 그리고 지금 미국에서도 지난 수십 년간 혐오와 차별에 맞서 싸워온 것이 어떻게 무너지고 있는지를 경악해하며 바라보고 있다. 앞에서 말한 것처럼 이 정도면 역진은 안 될 것이라고 말하는 그 순간부터 역진은 시작되었고 감당할 수 없는 수준으로 보복하고 있다. 이 역진에 대한 패닉에 빠지면서 다시 우리는 광장과 삶의 현장 사이에서 조울증에 걸려 허우적거리게 된다.

역사를 믿는다는 것은 이 조울증에서 벗어나 평상심을 회복하는 일이다. 절망보다 좀 더 긴 시간 감각을 가지고 삶의 현장을 보는 것, 광장의 찰나에 흥분하기보다 좀 더 긴 시간 감각을 가지고 광장을 보는 것, 이것이 역사를 믿는 사람의 태도가 되어야 한다. 이 태도가 우리를 이 체제의 통치에서 벗어나 다시 역사를 도모할 수 있게 할 것이다.

나는 우리가 역사를 믿는다면서 왜 역사에 절망하며 역사 자체를 리셋하고 싶어하게 되었는지, 그리고 그 정념은 어떻게 우리를 지금의 모습으로 변모시켰는지, 그리고 다시 역사로 귀환하기 위해서는 무엇을 어떻게 하는 것이 필요할지를 살펴보기 위해 이 책을 썼다.

2016년 11월

엄기호

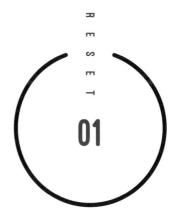

RESET

01

리셋
을/
원하는/
사람
들

1장
"싸그리 망해버려라"

"싸그리 망해버려라." 이 책을 쓰기 위해 연구하는 동안 가장 많이 들었던 말이다. 여기에는 남녀도 노소도 지역의 차이도 없었다. 한 청년은 이렇게 '싹 다 망하는 것'만이 이 사회에서 꿈꿀 수 있는 유일한 '공평함'이라고 말했다. 그는 나를 만나 이야기하는 내내 "차라리 전쟁이 났으면 좋겠다"라고 했다. 전쟁이 무섭지 않냐고 묻자 그가 답했다. "무섭지만 나만 죽나요, 다 죽잖아요. 그건 어쩔 수 없는 거죠." 하지만 이 말을 하는 그의 표정과 말투에 전쟁에 대한 공포는 별로 없었다. 그렇게 모두가 망하는 걸 상상하는 것만으로도 그는 약간 들떠 있는 듯 보였다.

그는 지금 상황으로는 이 나라에 가망이 없다고 말했다. 어떤 가망이 없냐고 물으니 전부 다 가망이 없지만 특히 희망을 갖는 게 가망이 없다고 했다. 희망이란 삶이 지금보다는 나아진다는 기대가 있어야 가질 수 있는 것인데 그런 기대가 없다는 것이다. 나아지려고 노력하면 노력할수록 삶은 더 비참해지고 파괴될 거라고 우울하게 말했다. 살아남기 위해서는 미친 듯이 더 '노오력'할 수밖에 없는데 그런다고 나아지는 게 아니라 결국 망하게 될 거라고도 했다. 그리고 망할 바에는 모두가 다 망하는 게 낫지 않겠냐고 강조했다.

한 어르신은 "그래야 사람들이 정신을 차리지"라고 말했다. 망해야 정신을 차린다는 게 무슨 말인지를 묻자 그는 요즘 한국 사람들은 잘 먹고 잘사는 데에 익숙해져서 정신이 썩어빠졌다고 말했다. 모두가 다 싹 망해야 정신을 차리고 아예 새 마음으로 새 출발을 할 수 있다고 했다. 모두가 바닥까지 일제히 떨어졌던 한국 전쟁 때처럼 되어야 다시 분발할 마음을 먹을 수 있다는 것이다.

그 어르신이 보기에 한국은 이미 '망해가는 길'에 들어서 있었다. 어르신이 가진 분노는 특히 한국의 특권계층을 향해 있었다. 그들의 부정부패에 크게 분노했다. 그들 모두가 '해처먹고' 있고 그걸 다른 사람들과 나누지는 않는데 누가 열심히 일하겠냐고 말했다. 그래서 모두 망하지 않으면 사회의 아래에 위치한 사람들이 자기들도 하면 된다는 생각을 가질 수가 없다는 것이다. 기득권이 부와 권력을 독점한 현재의 질서를 완전히 바꾸는 방법은 모두 망하는 수밖에 없다는 것이다.

　물론 망해야 하는 '모두'는 더 이상 망할 것이 없는 사회의 최하층을 제외한 '모두'를 의미했다. 그는 좀 지킬 것이 있다고 비겁하고 비굴하게 살아가고 있는 사람들을 맹비난했다. 그 비난에는 자신과 자신의 자식까지 포함하고 있었다. 가진 게 조금 있다고 거기에 빌빌거리며 살아서 삶에 대한 '근성'을 잃어버렸다는 게 그의 판단이었다. 이 나라가 앞으로 더 나아가려면 사람들이 정신을 차리고 있어야만 하는데 그러려면 아예 싹 망해야 한다는 것이다. '우리 모두'가 현재의 이 안이하고 부정부패한 현실의 '공범'들이며 이 상황을 타개하는 유일한 방법이 '싹 망하는 것'이라는 말이었다.

　이 어르신과 앞서의 청년을 포함해서 사람들은 하나같이 한편으로 무기력함을 느끼며, 다른 한편으로는 참을 수 없을 만큼 화가 난다고 말한다. 현 상황을 벗어날 희망이 보이지 않기에 그들은 달리 뭘 할 수 있는 게 없다. 즉 무기력하게 지켜보는 수밖에 없다. 무기력에 빠진 그들은 동시에 화가 나 있는 상태로 살아가고 있다. 무기력하면 화도 안 날 것 같지만 무기력한 상태에 있기 때문에 오히려 화가 나고, 화를 내도 세상이 바뀌지 않기 때문에 화가 난 상태에서 무기력해진다.

　많은 사람들이 이 세상을 망치는 것이건 창조하는 것이건, 그 힘으로부터 배제되어 자신은 그저 무기력하게 자기 자리에 앉아 있기만 한다고 느끼는 세상이다. 이런 근원적인 무기력감은 세계를 다루고 싶은 방식을 바꾸어놓았다. 그 방식은 가난과 전쟁의 폐허에서 나라를 다시 만드는 '재건'이 아니다. 그렇게 재건한 국가가 부정의하고 불평등하기에 체제의 전환을 꿈꾸는 '변혁'도 아니다. 세계 자체를 원점으로 날려버리려는 '리셋'reset인 것이다.

무기력이 깊어질수록 세상을 리셋하는 것이 차라리 유일한 길처럼 보인다. 그것이 현실적이어서가 아니라 유일하게 상상 가능한 것이기 때문이다. 현실을 바꿀 힘이 없는 사람들에게 아예 현실을 날려버리는 것만이 유일하게 가능하고 '즐거운' 상상이 된다. 마치 왕따를 당하는 학생들이 그 현실에 굴욕감과 모욕감을 느끼면서 머릿속으로는 그 현실을 날려버리는 상상을 반복적으로 하는 것처럼 말이다. 이렇듯 가장 허무주의적인 것만을 상상할 수밖에 없다는 사실은 이미 그 사회의 다른 모든 가능성이 봉쇄되었다는 뜻이다.

오늘날 한국 사회의 무기력은 그저 아무것도 하지 않는 무기력이 아니라 세상의 변화 가능성에 대한 근본적인 불신에 기인한 '과격한 무기력'이다. 현상적으로 드러나는 것은 방탕과 타락 그리고 미래에 대한 기대 없이 하루하루를 소비하는 무기력이다. 그러나 이 무기력은 기회가 주어지면 세상을 통째로 날려버리겠다는 반역사적인 종말론적 급진주의와 매우 친화력을 가지고 있는 과격한 무기력이다. 화난 무기력이며 무기력해서 화가 난 상태다.[1]

희망 없는 희망 고문

사람들은 완전히 희망을 상실했다. 이제는 '희망 고문'조차 불가능할 정도다. 희망 고문이 사람들에게 먹히기 위해서는 설사 그것이 고문이더라도 '희망'이 있어야 한다. 그건 사회의 약속이다. 네가 참고 노력한다면 더 나아질 것이라는 말이 신화적일지라도 사회가 할 수 있는 약속이어야 한다. 이 약속에 대한 믿음이 있을 때 사람들은 삶을 견딜 수 있다. 이 믿음이 깨지는 순간 희망 고문은 그냥 '고문'이 된다. 사람들은 지금 한국이 희망은 없고 희망 '고문'만 있는 사회라는 것을 간파해버렸다. 한국은 완전히 구제불능의 가망이 없는 사회다.

이 가망 없는 사회에서 유일하게 가능한 것이 바로 리셋이다. 지금까지 한국 사회가 쌓은 업적은 모두 실패했고 모두가 폭삭 망했기 때문에 '공평하게' 가난했던 백지 상태의 원점으로 돌아가자는 게 바로 리셋이다. 사람들이 보기에 한국은 파산한 사회다. 한국 사람들은 이미 IMF를 통해 경제적 파산을 경험했다. 그리고 이제는 1987년 이후 쌓아온 민주화라는 허상도 그 밑천이 완전히 드러나버렸다. 사회적·정치적 파산이다. 밑천까지 다 까먹은 상태가 파산이라면, 밑천이 있기는커녕 지금까지 우리가 밑천이라고 알고 있던 것이 오히려 짊어져야 할 빚이 되고 말았다.

이런 파산 상황을 대하는 태도 중 하나가 바로 '리셋'이다. 어떤 이들은 파산한 상황을 애써 외면하려고 한다. 자기가 조금 더 노력하면 파산을 면할 수 있다고 생각한다. 그래서 여기저기서 빚을 내보기도 한다. 어떤 이들은 도망가고 어떤 이들은 숨는다. 그러나 이렇게 도망가거나 숨거나 혹은 다른 데서 빚을 더 내거나 하는 모든 일이 다 불가능해질 때 사람들은 자신을 파산시킨 사회를 아예 통째로 날려버리려고 한다.

세상을 대하는 새로운 태도로서의 이 리셋에 대해 이야기를 하던 중에 트위터에서 활동하는 '슒'이라는 논객의 글[2]이 내 눈길을 끌었다. 그는 내가 제시한 리셋을 추구하는 과격화된 주체라는 설정을 이전 청년 논의들에서 정식화된 주체성의 계보와 연결시켰다. 그중 눈에 띈 것은 그가 일본의 오타쿠에 대비되는 존재로 한국의 자기계발하는 주체를 설정한 부분이었다.

그는 오타쿠를 '현실로 도피'한 쪽으로 봤다. 보통 사람들은 오타쿠를 현실로부터 도피한 쪽이라 생각하지만 그는 반대로 본 것이다. 오타쿠야말로 리얼리티, 즉 삶에서 '이야기'를 추구하는 쪽이라는 것이다. 이전에 '잉여'에 대한 논의에서도 언급했지만 '병맛' 만화에 열광하는 잉여는 '기-승-전-결'이라는 서사를 믿지 않는다. 그들은 그 이야기를 비웃고 냉소한다.[3] 반면 오타쿠들이야말로 이 '이야기-서사성'을 '열광적으로' 추구한다.

'슒'의 이야기에서 내가 주목한 것은 자기 삶을 추구하는 게 불가능해진 파산한 현실의 일본 오타쿠들이 이 '이야기'를 추구하기 위한 현실로의 도피가 만화나 애니메이션에 몰입하는 것으로 나타났다면, 한국에서는 자기계발에 대한 몰입으로 나타났다고 말한 부분이다. 그는 "자기계발 주체는 이미 허구성이 드러난 성장 서사에 온 힘을 다해 몰입하며, 그를 통해 리얼리티를 붙든다"라고 말한다. 그는 오타쿠는 비현실의 세계에서, 자기계발하는 주체는 현실에서 시간적 자아 동일성이 불가능하다는 것을 보여준다고 보았다. 그러나 오타쿠나 자기계발하는 주체 둘 다 서사의 불가능성이라는 모라토리엄은 피할 수 없다. 그는 이 모라토리엄의 상황에서 내가 말하는 과격화된 주체의 '리셋하는 욕망'이 생겨나며 그 '현실적인 버전'은 전쟁이라고 말한다.[4]

내가 그의 이야기에 놀란 것은 내가 제기한 과격화-리셋이라는 세상을 대하는 새로운 주체의 범위를 청년 하위문화 담론을 넘어 보다 포괄적인 자기계발 이후의 주체로 확장하여 생각할 수 있게 했기 때문이다. 사실 현실에서 자기계발 담론은 상당히 힘을 잃어가고 있다. 한동안은 자기계발이 마치 우리 모두를 파산에서 구원해줄 수 있을 것처럼 매달리고 신봉했지만, 그 인기가 점차 시들해지면서 이제 사람들은 자기계발이 자기착취에 다름 아니라는 것을 깨달아가고 있다.

또한 쑴의 논의는 그동안 내가 해왔던 작업들을 연결시키는 계기가 되었다. 바로 내가 '서사적 주체'라고 불렀던 것을 중심으로 그간 참여하거나 제기해왔던 '잉여' '공부 중독 현상', 그리고 졸저

『단속 사회』에서 말한 '곁'이라는 개념을 연결해서 사고할 수 있게 도와주었다. 내가 제기했던 논의들이지만 나도 몰랐던 것을 그의 글을 통해 발견하고 재정식화할 수 있었다.

'쓺'이 인용하고 있듯이 '시간을 축으로 한 자아 정체성'을 나는 '서사적 주체'라고 부른다.[5] 서사적 주체란 자기 삶을 하나의 이야기로 대하고 만들고자 하는 주체다. 사람들은 크든 작든 자기 삶을 이야기로 만들고 자기 자신이 그 이야기의 주인공이 되고 싶어한다. 누구나 죽기 전 자기 인생을 돌아보며 후회 없이 잘 살았다고 말하기를 소망한다. 이 후회 없는 삶의 핵심은 다른 누구도 아닌 자기가 자기 삶의 주인공이 되는 것이다. 그리고 자기 삶의 주인공이 되기 위해서 가장 필요한 것이 바로 스스로가 주체가 되어 삶을 연속적으로 엮어가는 것이다.

이야기의 연속성은 주인공의 연속성을 통해 이뤄진다. 조연들은 바뀌지만 주인공은 한 명이어야 하는 이유가 여기에 있다. 즉 주인공으로서의 '나'가 이야기의 처음부터 끝까지 동일한 사람이어야 한다. 특히나 그것이 내 인생 이야기라면 인생의 모든 순간에 주인공은 동일한 '나'여야 하는 것이다. '쓺'이 말하고 있듯이 어제의 나와 오늘의 나, 그리고 내일의 나가 동일해야 한다. 그래야 내가 내 이야기의 주인공이 된다.

당연한 말인 것 같지만 이것은 사실 아주 어려운 문제다. 왜냐하면 어제의 나와 '똑같아'서는 자아 동일성을 유지한다고 볼 수 없기 때문이다. 그런 동일함은 죽은 동일함이다. 죽은 사물들만이 그렇게 변화 없이 동일하다. 살아 있으면서 동일하다는 것은 변화가 없다는 것이 아니라 변화하는 가운데 동일해야 한다는 것을 의미한다. 변화하면서 동시에 자기 자신을 유지해야 하는 것이다. 인간의 자아 동일성은 죽음으로서의 동일성이 아니라 삶으로서의 동일성이어야 한다.

나는 『단속사회』에서 이 변화하는 가운데서의 동일성을 존 듀이John Dewey의 철학에 기대어 '성장'이라고 불렀다. 듀이는 인간의 삶 전체를 성장이라고 생각했다. 성장이란 낯선 환경을 만나 반응을 달리 시도해보면서 재적응을 해나가는 과정이라고 말했다.[6] 낯선 환경이라 함은 사물들뿐만 아니라 사람을 둘러싸고 있는 관계들을 가리키는 말이기도 하다. 이 경험을 갱신하고 확장하면서 삶은 연속적인 것이 된다. 이렇게 보면 시간을 따라 자아 동일성을 유지한다는 것은 매우 역동적인 과정임을 알 수 있다.

내 삶이 변화하면서 동일성을 유지하는 것으로서의 '성장'이란 삶이 파편화되어 이어지는 것이 아니라 연속적으로 흘러감을 의미한다. 다시 듀이의 성장에 대한 관점을 빌리면, 그는 삶의 연속성에서 경험의 연속성을 가장 강조했다. 이때 경험의 연속성이란 어제의 경험이 오늘의 경험의 바탕이 될 때, 즉 어제의 경험에 바탕을 두고 오늘의 경험을 해석하고, 내일의 경험을 예측하는 것을 말한다.[7] 듀이는 삶의 연속성이 경험의 연속성과 다르지 않다고 여겼으며, 삶을 경험의 총체라고 본 것이다.

이처럼 개인은 시간의 흐름 속에서 자신의 경험과 사고를 연속적으로 배치할 수 있어야 한다. 이런 연속성, 즉 삶을 서사적으로 만들기 위해 개인에게 요구되는 것이 바로 성찰과 기획이다. 우리는 과거를 성찰한다. 그 성찰을 통해 과거의 일에서 교훈을 이끌어내고, 그 교훈을 통해 오늘을 준비한다. 또한 어제와 오늘의 경험에 근거해 내일을 기획한다. 물론 만사가 기획한 대로 진행되지는 않는다. 그래도 그 기획한 바대로 살아가려고 노력하고 그렇게 되지 않은 것을 다시 성찰한다.

하지만 오늘날 이런 개인의 전기적 서사는 더 이상 불가능해졌다. "서사적 삶이란 간단히 말해 연속적인 시간의 흐름 속에서 사건과 경험들이 축적되는 것"[8]을 의미한다. 삶이 서사적으로 구축되기 위해서는 경험의 연속성이 보장되어야 하고 그것이 축적되어야 한다는 뜻이다. 내가 즐겨 인용하는 지그문트 바우만Zygmunt Bauman은 바로 이런 생애의 전기적 서사가 더 이상 가능하지 않다고 말했다. 그에게 근대의 핵심을 차지하는 원리이자 개념은 액체 혹은 유동성liquidity이다. '액체 근대'에서 삶은 임시적이고 일시적인 것이 되었다. 연속적이고 단단한 내러티브가 되는 것이 아니라, 조각나고 단속적인 에피소드들의 불연속적인 연결체에 불과하다. 이것이 그가 말하는 파편화된 삶이다.

파산한 세계에서 살아남기

삶이 잘 짜여진 이야기가 될 수 없다고 느낄 때, 사람은 더 이상 나 자신이 되지 못한다는 것을 깨달으며 존재론적, 실존적 위기를 경험하게 된다. 지금 우리는 이런 성장으로서의 자기 동일성이 위기에 처해 있으며, 점차 이것이 불가능하다는 것을 깨달아가고 있다. 나의 삶이 이야기가 되지도 못하고, 이야기가 된다고 하더라도 그 이야기의 주인공이 내가 아니라는 걸 알아가고 있다. 이렇듯 성장하는 삶이 가능하지 않게 되었을 때 파산한 세상을 향하는 다양한 정념[9]·태도가 나타난다. 나는 그 정념·태도를 잉여-오타쿠·자기계발-사토리-리셋이라는 삶의 도식을 확장해 다음과 같이 정리해보려 한다.

첫 번째로 냉소다. 냉소는 '잉여'라고 불리는 청년들에게서만 나타나는 현상이 아니다. 전 사회적으로 퍼져 있는 일종의 기류가 되었다. 이 부류에 속하는 사람들이 현실에 대해 취하는 태도는 '성찰'과 '참여'가 아니라 '냉소'다. 이들은 현실의 서사 가능성에 대해 냉소하며 냉소하는 것을 통해 자신을 방어한다. 냉소주의는 "마음의 철갑옷"[10]이다. 실패가 당연하다고 생각할 때 상처를 덜 받는다. 냉소는 더 이상 상처받지 않겠다는 단단한 결심이다.

중요한 것은 자기가 상처받지 않기 위해 냉소하는 사람들일수록 다른 사람들에게는 냉소를 통해 큰 상처를 준다는 점이다. 이들의 냉소는 소극적이지 않다. 이들은 다른 사람들의 모든 제안을 냉소하고 거부한다. 이들의 냉소는 협력에 대한 거부다. 협력을 통해 공동세계를 만들어가는 과정 그 자체를 거부한다. 자기 삶의 서사 가능성에 대한 부정은 곧 이 서사성이 이루어지는 장소인 공동세계의 가능성에 대한 부정이며, 공동세계의 가능성을 믿고 제안하는 사람들에 대한 거부이기도 하다.

냉소는 세계와 세계를 지으려고 하는 일체의 노력을 파괴한다. 주변에서 가장 견디기 힘든 사람이 누구인지 물었을 때 냉소적인 사람을 꼽는 것은 우연이 아니다. 냉소하는 이들은 공동세계를 지으려는 의지와 기운을 파괴하기 때문이다. 냉소적 주체는 그저 '잉여'가 아니라 공동세계를 파괴하는 괴물이기도 한 셈이다.

두 번째로는 유예다. 불가능해진 삶의 실재성과 대면하기를 끊임없이 유예하는 사람들이다. 이들은 '공부 중독자'다.[11] 가장 좋은 예는 내가 주로 만나고 연구하는 교사들 사이에 있다. 교사들 중에는 '연수 중독'이라고 할 정도로 끊임없이 연수를 쫓아다니는 사람들이 있다. 어디 괜찮은 연수가 있다고 하면 꼭 참석한다. 승진에 도움이 되는 연수뿐만이 아니다. 부모 자식 간에 문제가 생기면 상담 같은 걸 공부하러 가는 경우가 허다하다.

이런 공부 중독은 자기계발과 비슷한 것 같지만 위상이 다르다. 자기계발은 현실에서 불가능해진 서사성을 주술적으로 추구하는 행위다. 그러나 공부 중독은 현실과 대면하는 것을 유예하는 알리바이에 가깝다. 자기가 현실을 대면하지 못하는 이유는 아직 준비가 덜 되었기 때문이며, 현실과 대면해서 실패하면 그것은 다시 자기의 준비 부족을 확인하는 것이기 때문에 더 공부에 중독된다.

이들은 자기 삶의 공간을 좀 더 잘 돌보기 위해서 공부를 한다고 말하지만, 사실은 공부하는 것 자체가 중심이 된다. 삶의 도구로서의 공부가 아니라 삶이 공부의 식민지가 되어버린다. 이런 점에서 자기계발이 불가능한 삶의 서사적 구축에 대한 판타지에 기초한다면, 공부 중독은 그 불가능성을 유예하는 전략이다. 따라서 공부 중독은 포스트-자기계발적인 행위라고 할 수 있다. 자기계발이 삶의 서사성을 더욱 강하게 믿고 공부로 돌파하려는 헛된 몸짓이라면, 공부 중독은 이 불가능성을 공부로 때우고 회피하려는 주체의 무능에 다름 아니다.

세 번째로 도피가 있다. 요즘 유독 '큰 사회'에는 관심이 없고 '작은 사회'에 주목하고 있다는 사람들을 많이 만난다. 그들은 큰 사회의 가능성에 대해서는 매우 회의적이다. 대신 '마을'이라든가 '소 공동체' 등의 이름으로 세계를 축소하고 있다. 그 너머의 바깥은 매우 소극적이거나, 냉소적이거나 혹은 무감각하게 대한다. 작은 사회라는 게 바우만이 말한 대로 사회를 만들어내는 안감이 되는 것이 아니라 다른 것과 연결되지 않은 채 뜯어져 홀로 존재하는 안감에 머무르는 것이다. 이들에게 세계는 '바깥'이 아니라 지금 나에게 주어진 소박한 관계 그 자체다.

이들 중에서 흥미로운 사람들이 있다. 아직 인상에 머무르는 것이긴 하지만 알렉산드르 코제브Alexandre Kojève가 인간의 미래라고 말한 속물과 동물에 이은 식물의 등장이 아닌가 하는 생각을 종종 하게 하는 사람들이다. 이들은 무엇인가를 공격적으로 욕망하지 않는다. 이들이 추구하는 것은 사회의 변화라기보다는 애초부터 크지 않은 자신의 욕망에 맞는 라이프스타일과 관계를 찾는 데 있는 것처럼 보인다. 이런 점에서 이들의 삶은 동물성과는 거리가 멀다.

그리고 마지막으로 리셋이 있다. 앞서 이야기했듯 주위를 둘러보면 의외로 자아 동일성의 가능성이 봉쇄된 이 세계에 대해 극단적으로 과격한 태도를 취하고 있는 사람들이 많다는 것을 알 수 있다. 이들은 자신이 아무리 노력한다 해도 이 세계에서 성장-생애라는 자아 동일성이 불가능하다는 것을 깨달은 사람들이다.

그러다보니 이들을 지배하고 있는 정념은 무엇보다 현존하는 세계에 대한 혐오, 증오, 즉 원한resentiment[12]이다. 이들이 보기에 이전 세력은 무능하거나 부패했다. 좌파건 우파건 '기득권' 세력이라는 점에서는 다르지 않다. 경제적으로 기득권이거나 혹은 '정의'justice에 대한 관념, 언어를 독점했다는 점에서 기득권이다. 사회적·경제적인 측면뿐 아니라 앞에서 이야기한 것처럼 도덕과 윤리, 그리고 정의에서 배제되고 소외되었던 이들은 그래서 자신의 복수를 대행해줄 수 있는 존재의 임재에 열광한다. 경제와 사회, 그리고 무엇보다 정의에 대한 관념에서의 '기득권자'들의 세계를 철저히 파괴하고자 한다.

이들은 자신들을 배제하고 소외시키며 타자화한 세계에 맞서 이 세계-타자 자체를 파괴하려고 한다. 이 이후에 어떤 세계를 만드는지가 중요한 것이 아니라 이 세계에 복수를 하는 것이 더 중심이다. 이들이 추구하는 것은 삶의 '전환'이나 전환의 '가능성'이 아니다. 이들이 원한-복수라는 정념을 통해 구현하고자 하는 '정의'는 유토피아적이라기보다는 허무주의적이며 종말론적이다.

이미 우리는 세계 곳곳에서 이 원한과 복수의 정치가 '전면화'되고 있는 것을 목격할 수 있다. 일찍이 일본에서는 이 양상이 옴진리교의 형태로 나타났다. 일본 사회를 충격으로 몰아넣은 옴진리교의 테러는 일부 사이비 종교를 신봉하는 자들이 일으킨 우연한 해프닝이 아니다. 후지와라 신야藤原新也는 옴진리교를 신봉하던 청년들의 마음이 보통의 청년들이 겪는 고독감과 다르지 않다고 말한다. 그들은 "스스로의 영역과 외부 사이에 단단한 바리케이트를 치고" "전후 50년간 자본주의에 의해 지배된 욕망의 현세" "일본이라는 사회 시스템을 향해 절망과 적대의 감정을 표출"[13]한 것이다.

최근에는 전 세계를 공포로 몰아넣고 있는 IS와 같은 집단이 있다. 이들은 이 세상을 파괴하고 완전히 새로운 출발을 해야 한다고 말한다. 그래서 이들은 이슬람의 원점으로 돌아가 자신들의 나라를 '칼리프'의 국가라고 부른다. 이슬람이 탄생한 그때의 국가가 바로 자신들의 국가라고 말하는 것이다. 그래서 '원점'인 자신들은 절대선이고 서구를 포함한 바깥은 전부 악으로 규정한다. 악은 파괴되어야 할 존재들이다.

이들의 한결같은 특징이 있다. 이들이 보기에 역사는 '진보'의 과정이 아니라 '타락'의 과정이다. 따라서 역사 '안'에서 뭔가를 추구하기보다는 이 역사를 끝내고 원점에서 새로 출발해야 한다고 생각한다. 세상을 리셋하고 싶어하는 것이다. 이들의 과격함은 지금까지 변혁을 추구하던 좌파의 급진성과는 그 결이 다르다. 좌파가 자신들을 역사적 주체로 바라봤다면, 이들은 역사를 끝내고 싶어한다. 이들은 반-역사적 주체들이다.

정치적 버전으로는 필리핀의 로드리고 두테르테$^{Rodrigo\ Duterte}$가 있다. 그가 선거 공약으로 내건 것은 마약범을 비롯한 강력 범죄자들에 대한 가혹한 처벌이었다. 즉결처형이 이어졌고 필리핀 민중들은 열광했다. 필리핀을 정신적으로 통치하는 필리핀 주교회의의 경고도 민중들에게는 전혀 먹혀들지 않았다. 그는 예상을 뛰어넘는 압도적인 지지로 대통령이 되었다.

이 원한과 복수의 정념은 무기력과 쌍을 이룬다. 삶이 도저히 바뀌지 않을 것이라는 무기력의 한편에서 유일하게 가능한 것은 복수와 파괴다. 삶의 서사성, 즉 시간적인 자아 동일성이 불가능해진 때에 우리에게 늘어나는 것은 세상을 '만드는' 기술이 아니라 '파괴하는' 기술이다. 타자를 혐오하고 증오하고 배척하는 기술이다. 신자유주의의 시대에 우리가 터득해야 했던 것이 내가 살아남기 위해 '타인의 고통을 외면하는 기술'이었다면,[14] 지금 현재 우리가 터득하고 있는 것은 외면을 넘어 '타자-세계를 파괴하는 기술'이다. 그 결과 '자기계발의 기술' 역시 '자기파괴의 기술'이 되어가고 있는 듯하다.

자기만 사랑하라는 명령에 따라 살지만 자기가 될 수 없는 시대다. 자기(가 되고자 하는 것)에 대한 꿈이 무너지며 나타나는 이 무기력이 증오가 되어 타자와 세계를 파괴한다. 이 시대에 즐길 수 있는 유일한 것은 바로 이 타자와 세계를 파괴하는 것이다. 그것이 정의고 도덕이다. 그리고 다시 정의와 도덕의 이름으로 세계와 타자를 파괴하고, 그것을 즐기는 것을 정당화한다. 오로지 파괴에 몰두할 수 있을 뿐이다. 그 결과 자기를 사랑하라는 명령 속에서 우리는 역설적으로 자기를 돌보는 것을 망각하고 자기를 파괴하는 데 이른 것인지도 모르겠다.

2장

자기를 돌볼 수 없는 나

　우리가 사는 사회는 '하면 된다'는 약속 위에 서 있다. 누구든 신분이 아니라 노력하면 성공할 수 있다는 것이 이 사회가 존속할 수 있는 가장 초석이 되는 약속이다. 그것을 근대 사회라고 할 수 있다. 근대는 신분이 아니라 개인의 노력이 그 개인의 성공 여부를 결정짓는 사회(라는 신화에 기반한 사회)를 말한다. 이 약속에 따라 자신의 능력을 계발하기 위해 끊임없이 노력하고, 그 능력에 따라 자기 삶을 성찰하고 생애를 기획하는 존재가 바로 '개인'이라는 근대적 주체다.

　근대 사회 이후 우리는 끊임없이 노력해야 하는 존재가 되었다. 노력하는 존재로서 개인이 스스로에게 취해야 하는 태도는 '긍정'

이다. 자신의 무한한 가능성에 대한 신뢰 말이다. 그렇기에 근대적 주체인 개인은 자신의 가능성, 잠재력에 대해 무조건적인 '긍정'의 태도를 가져야 한다. 우리가 청소년들에게 가장 많이 하는 "넌 할 수 있어. 너 자신의 무한한 잠재력을 믿어"는 이러한 맥락에서 나온 말이다. 이 말에 긍정의 태도로 한 대답이 바로 "그래, 난 할 수 있어"Yes, I can do it이다.

"난 할 수 있어!"I can do it!는 성과 사회[1]의 주문과 같다. 사람은 한계가 없는 존재여야 한다. '할 수 있다'는 주문을 외우면서 자기를 초극超克해야 한다. 노력이 늘 극기克己와 함께 가는 이유가 여기에 있다. 노력이란 자기의 한계 내에서 최선을 다하는 것이 아니라 그 한계를 넘어서려는 것인 셈이다. 이렇게 할 수 있다는 주문은 다른 누구도 아닌 자기가 자기를 무리해서 착취하게 한다. 자기계발이니 뭐니 하는 개념이 다 이렇게 스스로 자기를 착취하는 주체, 즉 부정이 아니라 긍정밖에 모르는 주체[2]와 관련이 있다.

이 긍정의 주체가 가진 가장 큰 문제는 한병철이 『피로사회』에서 지적하고 있는 것처럼 항상 자신이 가진 힘 이상을 투여해야 한다는 사실이다. 긍정의 세계에서 긍정이란 있는 것에 안주하는 것이 아니라 자신이 그것을 넘어설 수 있다는 것을 인정하라는 말이기 때문이다. 그래서 긍정의 세계는 지족知足의 세계가 아니다. 오히려 긍정은 자신이 넘어설 수 있음을 긍정하라는 말이다. 그렇기에 긍정의 세계는 사실상 무리하는 세계다. 자신이 꺾일 정도로 무리를 하는 것이 긍정이지, 있는 것에 만족하는 것은 결코 긍정의 신화가 말하는 긍정이 아니다. 긍정은 '이 정도면 족하다'가 아니라 '너는 할 수 있다'를 넘어 '일이 되게 하라'는 명령이다.

시대적 우울의 정체[3]

한국의 청년들은 자신의 힘을 초과하는 노력을 '노오력'이라고 부른다. 노력에서 '오'자가 한 자 더 늘어난 것처럼 노오력이란 100퍼센트를 초과하는 것이다. 받는 만큼 최선을 다하는 노력으로는 부족하다. 자기가 받는 돈의 몇 배의 시간과 에너지를 쏟아야 겨우 일을 진행할 수 있다. 다른 일을 돌볼 여유 따위는 없다. 노력이 삶을 위해 최선을 다하게 한다면, 노오력은 사람을 소진시키고 삶을 파괴한다. 그러나 노력으로는 살아남을 수 없다보니 노오력을 해야만 한다.

노오력은 청년들에게만 국한된 일이 아니다. 가장 '한가로워' 보이는 대학교수들에게도 예외 없이 적용된다. 교수가 되고 자리를 유지하기 위해서는 학교가 정한 목표치를 100퍼센트 달성하는 것으로는 부족하다. 200퍼센트, 300퍼센트를 해야 한다. 논문을 2개 쓰라고 하면 4개 써야 하고 4개 쓰라고 하면 6개를 써야 한다. '자격을 갖추었다'는 것을 의미하던 '기본'은 이제 미달을 의미한다.

그것도 한참 미달이다. 그렇기에 일이 되게 하기 위해서는, 살아남기 위해서는, 한계를 돌파하고 자기 힘과 가용 자원을 초과해서 살아야 한다.

'노오력'의 시대에 긍정은 자기 주제를 망각시키는 긍정이다. '너 자신을 알라'는 말은 자기 자신이 가진 힘의 한계를 알라는 의미를 가지고 있다. 내가 가진 힘의 한계를 넘어서는 것에 대해 섣불리 덤비지 말라는 뜻이다. 물론 힘의 한계를 인정한다는 것이 그 한계에 안주하라는 말은 아니다. 다만 힘의 한계를 알아 자신이 할 수 있는 것과 할 수 없는 것을 끊임없이 판단하며 자기를 보존하는 법을 지혜롭게 헤아리라는 말이다. 그렇지 않다면 수레바퀴에 덤비는 사마귀처럼 무모하고 어리석다.

그럼에도 불구하고 "그래, 난 할 수 있어"를 긍정한 사람은 미친 듯이 자기를 소진할 수밖에 없다.[4] 일단 이 말을 하고 난 다음에 일이 잘못 되면 그 책임을 져야 하는 사람은 다른 누구도 아닌 자기 자신이기 때문이다. 우리 모두 알고 있다. 이 "그래, 난 할 수 있어"의 뒤에 무슨 말이 숨어 있는지를 말이다. 그것은 "만약 실패한다면, 그것은 너의 잘못이다"If you fail, It's your fault라는 말이다. 자기가 아닌 다른 사람을 탓하는 것은 비겁한 일이다. 그 자체로 무능하고 비겁한 짓으로 비난받는다. 따라서 자기 능력과 노력 이외에 다른 무엇을 탓해서도 안 된다. 스스로 자신을 비난하고 자기에 대해 절망하지 않기 위해서라도 "그래, 난 할 수 있어"를 외친 사람은 미친 듯이 더 노력할 수밖에 없다.

이렇게 우리는 고갈되어 간다. 고갈되어 가면서도 탓할 수 있는 것이 자기 자신밖에 없다는 사실, 그것이 우리를 끊임없이 우울로 밀어넣는다.[5] 소진과 우울은 사람을 '무한한 잠재력'의 존재로 보는, 그리고 그 무한한 잠재력을 발휘하는 것이 '명령'이 된 시대의 필연적 결과다. 최선을 다하는 것으로 충분하다는 말은 사기다. 우리의 잠재력은 '무한'하기 때문에 일이 성사될 때까지 '무한'히 밀어붙여야 하고, 거꾸로 일이 성사되지 않았다는 것은 그가 '무한'히 노력하지 않았다는 증거이기 때문이다.

우리는 구의역 사고를 통해 생존하기 위해서는 무리할 수밖에 없는 삶을 봤다. 2016년 5월, 구의역에서 이제 갓 고등학교를 졸업한 청년 노동자가 스크린도어를 고치다가 사고를 당해 숨지는 사건이 있었다. 그는 매뉴얼대로 2인 1조가 되어 스크린도어를 고치는 게 아니라 홀로 작업을 하다 변을 당했다. 전동차가 운행되는 중간 중간 스크린도어를 고치는 위험한 작업이기 때문에 안전을 위해 동료가 있어야 했지만 그의 곁에는 안전을 살필 사람이 없었다.

그가 매뉴얼을 어긴 것은 맞다. 하지만 그는 위험한 줄 알면서도 매뉴얼을 따를 수가 없었다. 몇 명 되지 않는 인원이 서울 시내 곳곳의 승강장을 맡고 있는 탓에, 목숨을 담보로 무리하며 작업을 할 수밖에 없는 조건이었다. 그렇지 않으면 생존할 수 없기 때문이다. 그러나 그를 무리하게 한 제도와 책임자는 전혀 책임을 지지 않았다. 책임을 져야 할 이들은 오히려 그가 안전규칙을 어기고 작업했다고 발뺌했다. 우리 사회의 다른 곳에서도 다르지 않다. 일이 터지면 간단하게 개인의 책임으로 돌려버리면 그만이다. 개인은 묵묵히 이를 받아들일 수밖에 없다. 노오력을 해야만 자리를 얻고, 노오력을 해야만 자리를 보존할 수 있기 때문이다.

이처럼 노오력이라는 초과에는 반드시 무리수가 따른다. 한국의 제도가 가진 반동성은 제도 내 행위자들의 무리수를 방지하는 게 아니라, 무리수를 방치하고 오히려 권장한다는 점이다. 이러한 상황이니 개인은 해서는 안 되는 일을 할 수밖에 없다. 규칙이 금하는 일을 위태롭게 넘나들지 않으면 일이 되게 하기가 무척이나 힘들다. 물론 그 무리수의 대가는 오롯이 행위자가 치른다. 제도는 노오력을 하라고 했지 무리수를 두라고 하지는 않았기 때문이다. 심지어 그 무리수조차 준비 부족, 즉 노오력이 부족해서 생긴 일이라고 행위자의 탓으로 돌린다.

삶은 여기에 갇혀 있다. 노오력을 하는 동안에는 삶을 돌볼 수 없다. 사회는 그 삶을 바쳐 일이 되게 하라고 명령하기 때문이다. 노오력을 하는 동안 삶은 발가벗겨진다. 그러나 그 노오력을 해야 제도 안에 그나마 몸을 걸칠 수 있다. 노오력은 '이미' 발가벗겨진 삶[6]들이 제도로부터 발가벗겨지지 않기 위해 치는 몸부림이다. 그러나 이 몸부림은 반드시 무리수를 두게 한다. 그 무리수는 언제나 합법과 불법의 경계에 서 있다. 아니 그 무리수는 잠재적으로 불법이다. 그렇기에 노오력을 하는 자는 합법의 경계 밖으로, 합법적 노력을 하며 살 수 있는 삶 바깥으로 '이미/잠재적으로' 추방된 자다. 그의 발가벗겨지지 않기 위한 노오력은 무리수가 되는 순간 삶을 발가벗겨버린다.

자기주도학습과 해병대 체험의 상관관계

한병철은 "그래, 난 할 수 있어"가 만들어내는 소진과 우울에 대해 부정성의 소멸이라고 말했다. 주체가 다른 누군가의 억압이나 명령에 의해서가 아니라 스스로에 대해 과잉긍정을 하면서 스스로 자기 자신을 착취한다는 말이다. 물론 소진과 우울이 부정이 아닌 과잉긍정의 결과이고 그것은 다른 누구도 아닌 자기가 자기를 착취하고 소진한 결과지만, 그렇다고 억압과 착취라는 외부로부터의 부정성이 완전히 사라진 것은 아니다.

그것은 우리가 "너는 할 수 있어"You can do it의 앞에 괄호 쳐져 숨겨져 있는 것이 무엇인지를 살펴볼 때 알 수 있다. "너는 할 수 있어"라는 말 앞에는 "너는 말해야만 해"You must say가 숨어 있다. "너는 할 수 있어"라는 말은 명령이 아니다. 명시적으로 드러난 이 격려와 부추김의 말 앞에 이 사회의 명령이 숨어 있다. "너는 할 수 있다고 말해야만 해!"(You must say) You can do it!인 셈이다. 그렇게 말하지 않을 때 억압이 드러난다. "너는 왜 그렇게 말하지 않냐"라며 비판하고 배제한다. 외부로부터의 명령은 사라지지 않았다. 그 명령은 다만 '자기'를 전면에 내세우고 무대 뒤편으로 몸을 감추었을 뿐이다.

주체란 주어와 화자의 일치라고 할 수 있다.[7] 내가 말하는 사람이며 동시에 내가 하는 말의 주어가 나일 때 우리는 주체가 되었다고 할 수 있다. 그러나 "그래, 나는 할 수 있어"에 "너는 말해야만 해"를 괄호 안에 넣어 붙여보면 우리는 비로소 이 문장의 화자와 주어가 일치하지 않는다는 것을 알 수 있다. 이 말의 주어는 '나'지만 이 전체 문장의 화자는 '나'를 '너'라고 부르는 존재다. 이 존재는 다만 괄호 안에 숨어 있어 보이지 않을 뿐이다. 따라서 내가 '나'라고 생각하는 것, 주체라고 생각하는 것 자체가 환상에 불과하다.

여기에서 "그래, 나는 할 수 있어"의 역설이 나온다. 내가 내가 되기 위해서 노오력을 하면 할수록 사실상 '나'는 주체가 아니라 명령에 따르는 자에 불과하다. 스스로를 주체라고 생각하는 꼭두각시에 불과한 셈이다. 끊임없이 자기를 초과할 것을 요구하는 긍정의 세계에서 늘 자신에 대해 긍정하는 주체는 역설적으로 부정당하며 자기를 파괴한다. 만약 어떤 일을 완수하지 못하면 아직은 부족한 존재이며, 아직 최선을 다하지 않은 존재라고 스스로를 규정할 수밖에 없다. 그렇기 때문에 이 긍정하는 주체가 도착하는 종착점은 "자기착취의 임계점", 곧 "소진"[8]이다. 자기 자신에게 결코 만족할 수 없다. 그래서 자기를 끊임없이 감시하고 관리하고 다그쳐야 한다.

학교에서 소위 자기주도학습과 해병대 체험이 동시에 나온 것은 우연이 아니다. 자기주도학습은 매우 주체적이다. 다른 누군가에 의지하지 않고 자기가 자기를 감시하고 관리해야 한다. 그래서 성과를 내야 한다. 또한 목표를 자기가 정하고 자기가 추동해나가기 때문에 실패에 대해서도 다른 누구를 탓할 수 없다. 목표를 잘못 설정하고, 방법을 제대로 찾지 못한 자신을 탓해야 한다. 자기주도학습에서 실패한다면 그것은 자기가 자기를 관리하고 감시하는 데 실패했기 때문이다. 다른 무엇보다 자기관리에 대한 실패는 용서할 수 없다.

바로 이 점에서 해병대 체험은 자기주도학습의 짝패가 된다. 자기주도학습은 자기가 자신을 주도하는 것인데, 아직 그 능력이 되지 못하는 자들, 즉 자기관리에 실패한 자들에게 필요한 것이 바로 해병대 체험이다. 해병대 체험을 통해 사람들은 자기관리에 실패한 자신에 대해 징벌을 가한다. 이때 징벌을 당하는 '자기'는 감시당하던 자기가 아니라 감시하던 자기다. 감시하던 자기의 무능력과 나태함에 대해 징벌을 가하면서 자기가 자신에 대한 훌륭한 간수가 되어야 한다. 해병대 체험을 통해 감시하는 자기가 간수가 되면 감시당하는 자기는 그 감독 아래 자기주도학습을 해낼 수 있다.

분노를 참지 못하는 사람들

모든 사람이 노오력의 주문에 걸려 자신을 극한으로 몰아붙여 소진되어가며 우울에 빠지는 것은 아니다. 다른 길이 하나 더 있다. 그것은 "나는 (무엇이든) 할 수 있다"는 '만능감'은 보존하면서 실패했을 때 그 탓을 내가 아닌 다른 존재에게 하는 것이다. 이렇게 하면 나는 여전히 뭐든 마음먹은 대로 할 수 있는 '만능적' 존재이며, 일이 안 되는 것은 전적으로 다른 사람들의 탓이 된다. 이들은 늘 자기를 방해하는 다른 존재를 향해서 화가 나 있는 상태다. 그것도 그냥 화가 난 정도가 아니라 폭발적으로 분노하며 관계 자체를 파괴해버리기 십상이다.

이런 분노의 첫 번째 대상이 되는 것은 '동료'다. 일이 제대로 되지 않는 것은 내 능력이나 노력의 부족이 아니다. 옆의 사람이 제대로 도와주지 못해서 벌어진 일이다. 내 능력이 아닌 다른 사람의 능력이 문제고, 내 노력이 아닌 다른 사람의 노력이 문제다. 그렇기 때문에 이들은 스스로를 소진하며 우울해하는 주체들과는 정반대의 방향에서 다른 사람의 '노오력'을 강요한다. 일이 되게 하기 위해서는 자기 옆의 '동료'가 더 노오력해야 한다. 그렇기에 분노의 방향은 자기가 아닌 타인의 '게으름'과 '능력 부족'을 향한다.

다른 한편에서 이 분노의 대상의 되는 존재가 있다. 사회적 약자들이다. 이들이 보기에 사회적 약자들은 노력을 기울이지도 않으면서 사회의 단물을 빨아먹는 사람들이다. 그래서 노력하지 않는 그들에 대해 분노한다. 이들은 사회적 약자들을 향한 적극적 조치affirmative action들이 차별을 시정하기 위한 정의로운 조치가 아니라 불공정한 특혜라고 생각한다. 이들이 바라는 사회는 '정의로운 사회'가 아닌 '공정한 사회'다.[10]

사회적 약자들을 향한 분노에 빠진 이들의 감정은 혐오로 발전한다. 이들은 내 옆의 이웃, 특히 나보다 더 힘이 없는 '나약한 이들'을 혐오한다. 그 논리는 거침이 없다. 이 '나약한 이들'은 늘 해도 안 된다는 생각에 사로잡혀 일을 그르치는 존재들이다. 더구나 이들은 자신들의 무능을 사회를 통해 보호받기를 원한다는 점에서 타락한 존재들이다. 사회의 도덕적 타락의 징표가 바로 이 '나약한 이들'이며 이들에 대한 사회의 보호다. 반대로 이 '나약한 이들'을 보호하려는 사회야말로 타락한 사회다. 그렇기에 인간을 나약한 존재로 만드는 이 사회를 혁파해야만 한다.

IS에 자발적으로 찾아가는 서구의 무슬림 청년들을 보자. 이들이 보기에 '보호'라는 이름으로 사람을 타락시키는 것의 좋은 증거가 바로 자신들이다. 서구 사회에서 무슬림들은 최소 수준의 복지로 반란을 일으키지 않을 정도로 살아간다. 그들에게는 불법이든 합법이든 술과 마약, 섹스 그리고 서구의 문화상품들이 제공되어, 그들의 영혼을 타락시킨다. '자유'라는 이름하에 욕망의 노예가 되는 영혼의 타락이야말로 서구가 자신들을 통치하는 방식이다. 이 타락에서 벗어나는 것만이 그들이 구원될 유일한 방법이며, 이 구원을 거부하는 자들은 마땅히 정화의 불로 태워야 한다. 쾌락에 진 '나약한 이들'이기 때문이다.

똑같은 형태가 동성애자들을 향한 극우 개신교의 논리다. 그들은 동성애가 치유될 수 있다고 말한다. 동성애가 치유되지 않는 것은 섹스의 쾌락이 너무 크기 때문이다. 지금 사회는 쾌락과 소비를 통해 이들을 타락시키고 있다. 충분히 치유할 수 있는데 '자유'와 '권리'라는 이름으로 이들의 타락을 방치하고 조장한다. 그렇기에 이들, 치유되기를 거부하는 자들은 '정화'되어야 하며 이들을 방치하는 이 '타락한 사회'는 리셋되어야 한다. 이들이 보기에 동성애자들은 죄 지은 자들인데 쾌락에 빠진 것보다 그 쾌락에서 일어나지 못하는, 즉 '나약한 이들'이기에 죄인이다.

물론 정반대편에서 문제가 되는 사람들도 있다. 바로 기득권층이다. 사회적 약자들이 '의존'으로 먹고 산다면 이들 기득권층은 부정과 부패로 먹고 산다. 이들 역시 제 능력과 노력으로 먹고사는 존재가 아니다. 사회 곳곳에 만연해 있는 그들만을 위한 특권을 통해 노력하는 자들의 피를 빨아먹으며 호의호식하는 존재다. 이들은 '나약한 이들'만큼이나 정화되어야 하는 반-도덕적 집단이다.

그렇기에 혁파되어야 하는 것은 한편에서는 나약한 이들을 나약한 상태로 내버려두고 다른 한편에서는 기득권층의 부정부패를 방관하고 제도화하는 이 사회다. 이런 관점에서 보면 우리는 왜 전

지구적으로 자국의 기득권 세력에 대한 비토와 이주노동자나 소수 인종 등 사회적 약자에 대한 공격이 동시에 나타나고 있는지를 이해할 수 있다. 전자가 가진 진보적인 측면과 후자가 가진 반동적인 측면이 한 사람에게서 공존하는 것이다. 이것은 이들의 '분노'가 더 이상 전통적인 보수와 진보, 우파와 좌파의 논리로는 설명되지 않는다는 것을 말해준다. 이들의 분노는 '진보적/반동적'이다.

끊임없는 자책의 이유

노오력의 주문에 걸린 이들과 분노에 젖은 이들 사이에 불안과 공황에 빠진 주체들이 있다. "그래, 난 할 수 있어"를 믿는 두 가지 다른 방향이 소진-우울하거나 망상-분노에 빠지는 것이라면, 불안과 공황은 이 말을 아예 믿지 않기 때문에 생긴다. 이들은 애써 자신을 믿어보려고 노력하지만 그 노력이 허망하다는 것을 이미 간파했다. 국가가 나를 보호해줄 것이라는 것도 믿을 수 없으며, 크게는 사회의 장기적인 상호호혜성에 대한 믿음, 작게는 가족과 연인 간의 친밀성에 대한 믿음도 없다. 믿음의 파국에서 우리가 맞이한 것은 자기 자신의 회복력에 대한 믿음까지 파괴되었다는 사실이다. 내가 하는 판단과 행동이 잘못된 것이라면 그것은 일시적인 것이며 다시 돌아올 것이라는 믿음, 내 몸이 일시적으로 고장 나더라도 다시 돌아올 것이라는 믿음이 사라졌다. 이들에게 삶은 근대가 약속한 것처럼 통제 가능하기는커녕 전적으로 우연에 맡겨진 것[11]이다.

따라서 이 주체는 언제나 불안할 수밖에 없다. 사회와의 관계뿐만 아니라 자신의 몸과 정신의 회복력에 대한 신뢰마저 잃어버린 상태이기 때문에 이 주체에게 남은 것은 불안밖에 없으며, 이 불안을 운명처럼 받아들이게 된다. 그렇기에 그는 나아가려고 노력하는 것이 아니라 잃어버리지 않기 위해 필사적으로 노력하며 살아야 한다. 믿음의 붕괴는 전진이나 전환이 아니라 유지에 목숨을 걸게 한다. 아무것도 믿을 수 없는 시대에 가장 좋은 것은 나아지는 것이 아니라 아무 일도 벌어지지 않는 것이다.

여기에서 우리는 왜 이 시대에 그토록 많은 사람이 불안을 호소하고 공황을 경험하는지를 알 수 있게 된다. 우울이 '하면 된다'는 것이 정언명제이던 시대에 성과를 내지 못하는 자기 자신을 탓하면서 나타난 시대의 징후라면, 불안과 공황은 '하는 것이 두려운 시대'로 접어들었다는 것을 징후적으로 드러내고 있다. 해야 하는 모든 것, 하는 모든 것이 두려운 시대가 된 것이다. 해도 안 되기 때문에 무기력한 것이 아니라 무엇인가를 하는 것이 주체를 끝, 즉 죽음으로 끌고 갈 것이라는 불안이다. 성과를 못 내는 것이 두려운 것이 아니라 모든 것이 망쳐지고 끝장날 것이 두려운 것이다.

불안과 공황에 빠진 자들이 깨달은 것은 이 세계가 깨지기 쉬운

^{fragile} 곳이라는 점이다. 이들은 가장 강해보이는 것도 한순간에 박살나는 것을 경험했다. 또한 이들은 역사는 되돌릴 수 없다는 것을 믿지 않는다. 지구 곳곳에서 벌어지는 일들에서 확인한 것은 역사는 되돌릴 수 없는 것이 아니라, 너무나 쉽게 되돌아간다는 사실이다. 사람의 마음 역시 아래로부터 차곡차곡 축적되는 것이 아니라 한순간에 날아가는 모래성이라는 것을 깨달았다. 이들에게 세계는 깨지기 쉬운 것만큼이나 복원도 되지 않는 곳이다.

그렇기에 아무 일도 일어나지 않기를 바라는 자의 마음을 지배하고 있는 것은 자책이다. 그들은 내가 왜 거기에 갔으며, 왜 그를 만났으며, 왜 그것을 먹었으며, 왜 그 일을 했는지에 대한 후회와 자책으로 가득 차 있다. 차라리 아무 일도 하지 않았더라면 아무것도 일어나지 않았을 텐데 공연히 그 일을 했기에 결과가 이렇게 되었다고 생각하며 모든 일에 대해, 모든 시간에 대해 후회에 사로잡히게 된다. 이처럼 불안과 후회는 서로 짝을 이룬다.

물론 이 후회하는 이들 역시, 자기 자신의 역량에 대한 망상에 사로잡힌 존재다. 이들의 후회를 보면, 그가 당하고 있는 모든 일은 그가 한 일의 결과다. 그는 자신이 후회하는 일의 원인을 바깥에서 찾을 줄을 모른다. 신뢰가 붕괴했기에 당연한 귀결이다. 그는 바깥에 믿고 의지할 수 있는 것이 없기 때문에 모든 것을 자기가 통제해야 한다고 생각한다. 따라서 벌어지는 모든 일은 자기의 책임으로 귀속된다. 그는 자기 이외에는 아무것도 없다는 의미에서 여전히 신은 신이지만 아무것도 할 수 없는 무능한 신이다.

만능감에 젖은 존재가 모든 것을 자기가 통제할 수 있다고 생각한다면 자책하는 주체는 반대로 모든 것을 자기의 책임으로 돌린다. 유능한 신은 벌하고 무능한 신은 후회한다. 이 두 주체에게는 도무지 '바깥'이라는 것이 없다. 결국 모든 것을 자기가 할 수 있다고 생각하는 것만큼이나 그때 내가 왜 그랬을까를 자책하는 주체는 모든 것을 자기의 탓으로 돌린다.[12] 그에게는 아무 생각 없이 믿고 의지할 수 있는 '바깥'도 없으며, 살려달라고 맹목적으로 무릎을 꿇을 수 있는 믿음의 대상도 없고, 또한 자신의 뜻대로 되지 못하게 하는 것을 탓할 수 있는 역사-구조도 없다. 그렇기에 그에게 유일하게 가능한 것은 이 상황으로부터 벗어나 도망가거나 숨는 것뿐이다.

하지만 도망가기 위해서는 바깥이 있어야 한다. 그는 이미 의지하거나, 탓하거나 혹은 벗어날 수 있는 '바깥'을 잃어버리고 스스로 봉쇄해버린 자라는 점에서 가장 큰 비극이 시작된다. 역사와 구조를 리셋하고 싶은 과격화된 주체는 '신화'라는 역사의 바깥이라도 상상할 수 있지만 이 믿음-신뢰를 잃어버린 자에게는 신화가 들어설 여지마저도 없다. 신화란 새로운 창세기Neon-Genesis, 즉 새로운 기원을 시작할 수 있다는 믿음으로만 가능하다. 그는 과격화된 주체와 달리 이 새로운 기원에 대한 믿음을 상실한 자이기 때문에 역사-구조의 바깥으로 도망갈 수도 없다.

도망갈 '바깥'이 없는 그에게 가능한 것은 숨는 것이다. 아무것도 하지 않고 알처럼 웅크려 들거나 혹은 누에고치로 들어가는 것만이 유일한 길이다. 그가 바라는 것은 그렇게 숨어서 '바깥'을 내다보는 것이다. 어린 시절 벽장 안에 숨어 온갖 위험한 일이 펼쳐지는 어른들의 세계를 안전하게 지켜보던 것처럼 말이다. 바깥을 잃은 그에게 있어 유일한 가능성은 그 바깥의 안으로 숨어 세계를 바깥으로 만드는 일이 될 것이다. 미셸 푸코Michel Foucault가 헤테로토피아[13]라고 부른, 세계를 바깥으로 만드는 이 벽장 안의 시공간에 숨어드는 것 말이다. 그 벽장 안에서 아무것도 하지 않고 위험에 처한 세계를 지켜보기만 하는 것, 그것이 믿음-신뢰를 잃어버린 자가 할 수 있는 가장 안전하고 무해하며 자책하지 않는 일이 된다.

그러나 믿음-신뢰를 잃어버린 주체는 이 헤테로토피아가 일시적이며 잠정적이라는 것을 알고 있다. 그는 이 시공간이 매우 깨지기 쉬운 곳이라는 것을 안다. 무엇보다 벽장 안은 어린아이에게는 비밀의 공간이지만 부모는 아이가 그곳에 숨어 있다는 것을 '안다'. 어린아이일 때 그는 부모가 그 공간에 자신이 숨어 있다는 것을 '모른다'고 생각했지만, 이미 어른이 된 그는 다른 어른들이 그 공간에 자신이 숨어 있다는 것을 모르는 척하는 것뿐이며 사실은 '알고 있다'는 것을 '안다'. 그렇기에 양말을 뒤집어 놓은 것처럼 안과 밖을 뒤집어 세계를 밖으로 만들어놓긴 했지만 다시 그 양말을 뒤집는 순간 그는 세계 '안'으로 뱉어진다는 것을 알고 있다. 그는 결국 숨는 것은 불가능하다는 것을 안다. 그 결과 그는 그 안에 숨어서 '아무것도 하지 않은 것'에 대해 후회하게 된다. 그에게 후회와 자책은 필연이다.

바깥에 믿고 의지할 수 있는 것이 사라진 시대에 남은 것은 이 두 가지뿐이다. 하나는 화를 내면서 소진해가는 것이고 다른 하나는 자책하면서 후회하는 것이다. 전자는 신뢰할 수 있는 바깥이 없는 상태에서 신뢰를 자신이 모든 것을 할 수 있다는 믿음으로 전환한 사람이며, 후자는 자신에 대한 믿음과 신뢰를 상실한 사람이다. 우리는 신뢰할 수 있는 바깥의 붕괴와 자기파괴를 동시에 경험하고 있다. 이 세상에서 가장 공포스러운 일은 자기를 잃는 것이고, 가장 피곤한 일은 자기를 유지하는 것이다.

무기력, 생존주의 시대의 생존 전략

마지막으로 무기력한 존재들이 있다. 이들은 "그래, 난 할 수 있어"의 결과를 간파해버렸다. 이 말을 하는 순간, 무엇인가를 시도하는 순간, 자기를 소진하며 우울에 빠지거나 남 탓을 하며 망상에 빠지거나 혹은 불안과 공황에서 헤어나지 못한다는 것을 말이다. 이 모든 것이 자기파괴의 기술에 불과하다는 것을 간파한 사람들이 이 무기력한 존재들이다. 그래서 이들은 아무것도 하지 않으려고 한다. 아무것도 하지 않으면 욕은 먹겠지만 최소한 다른 세 존재들에 비해 자기 자신을 덜 망가뜨릴 수 있기 때문이다. 이런 점에서 나는 무기력은 생존주의 시대의 역설적인 생존 전략이라고 생각한다.

생존 전략으로 무기력을 택한 이들이 절대 믿지 않는 것이 있다. "용기를 내라"는 말이다. 이들은 용기를 내서 세상을 살아가는 것이 전혀 안전하지 않다는 것을 잘 알고 있다. "용기를 내, 넌 할 수 있어"라는 말은 "너는 네가 망가질 때까지 해야만 해"라는 말의 다른 버전에 불과하다는 것을 간파했다. 그렇다고 이들은 "아니요, 저는 못해요"라고 말하지도 않는다. 그 말이야말로 '용기'를 필요로 하기 때문이다. 그저 입을 다물고 있을 뿐이다.

무기력을 생존 전략으로 택한 이들이 포기한 것은 배움을 통한 성장이다. 배움에는 용기가 필요하다. 자신이 모른다는 것을 드러내는 용기가 없다면 사람은 절대 배울 수가 없다. 배워야 하는 자가 아는지 모르는지를 드러내지 않으면 그 누구도 가르쳐줄 수 없기 때문이다. 그러나 한국은 배우기 위해 용기를 낼 수 있는 사회가 아니다.[14] 이 사회에서 모르는 자가 자신의 무지를 드러내면 그는 곧바로 '틀린 자'가 된다. 배움이 권장되는 사회라면 무지한 자가 용기를 냈을 때 환대받아야 하지만, 한국 사회에서는 무지한 자의 용기를 조롱하고 가혹하게 비판한다. 존엄이 짓밟히는 경험을 하게 되는 것이다. 이런 사회에서 자신이 모른다는 걸 드러내는 것은 미친 짓에 가깝다.

대다수의 사람들은 아주 어렸을 적 학교에서부터 이 사실을 고통스럽게 경험한다. 그리고 모르는 것은 드러내는 것이 아니라 감추어야 살아남을 수 있다는 것을 터득한다. 무지를 드러내는 것은 전혀 안전하지 않다. 무지를 드러내는 용기는 그 용기를 부렸을 때 자신의 인격과 존엄이 존중받을 수 있다는 확신이 있을 경우에나 낼 수 있는 것이다. 그렇기에 용기는 개인의 덕성이기만 한 것이 아니라 사회적 조건의 문제다. 용기를 냈을 때 인격과 존엄을 존중해주는 '안전'한 관계[15]에서만 사람은 용기를 낼 수 있다.

이 존중에 대한 안전이 보장되지 않는 사회의 사람들에게 '무기력'은 자신을 보존하기 위한 최소한의 전략이 된다. 무시는 당하지만 공연히 자신을 더 큰 위험으로 빠뜨리지 않는 차악의 선택이 되는 것이다. 다만 '생존'을 대가로 '배움을 통한 성장'을 포기하게 된다. 이런 점에서 '무기력' 역시 자기를 배려하는 기술이 아니라 변형된 자기파괴 기술에 불과하다. 배움을 포기한 자가 자기를 배려하고 돌보기란 어렵기 때문이다. 무기력은 자신을 '덜' 파괴하고 보존하는 생존 전략이지만, 이 시대에 '무기력'으로 자기를 배려하고 돌보는 것은 불가능하다.

3장
자아탐닉에서 자기파괴로

초등학교에서 반장을 했던 경험이 있는 내 또래의 친구들을 만나면 비슷한 '악몽'을 고백하는 경우가 있다. 당시 반장은 교사의 대리인이었다. 교사가 교실에 없을 때 교사 대신 학생들을 감시 감독하고 훈육하는 것까지 맡겨졌다. 심지어 반장은 교사를 대신해 반 친구들에게 체벌을 가할 수 있는 권력까지 쥐고 있었다. 조금이라도 떠들거나 말을 듣지 않는 친구가 있다면, 친구가 아닌 규율을 위반한 사람으로 처벌할 수 있었다. 그래서 그의 손에는 늘 '빠따'라고 불리던 몽둥이가 쥐어져 있었다. 그 빠따는 단순히 위협용이 아니라 실제로 사용되는 물건이었다.

대개 성적순으로 반장인 된 이들은 힘이 그리 쎈 편은 아니었다.

다른 학생들이 저항했다면 꼼짝없이 당할 정도였다. 하지만 누구도 이들의 '권력'에 도전하지 않았다. 그 뒤에 교사가 있고, 그 교사로부터 권력을 위임받았다는 것은 명백했다. 반장에 대한 도전은 교사에게 도전하는 것이고, 그것은 곧 학교라는 제도, 나아가 체제에 도전하는 것이었다. 감히 체제에 도전할 수 있는 자는 지금도 그렇지만 당시에도 드물었다.

당시 반장들의 마음은 어땠을까? 한번은 어린 시절 모두 반장을 경험했던 교사 모임에서 이야기를 나눌 기회가 있었는데, 그들은 한결같이 어린 시절의 일이지만 아직도 생생하게 기억하고 있다고 말했다. 당시 그들의 마음을 지배하고 있던 정서는 '비장미'였다. 반 친구들을 때리는 것은 학급의 질서와 규율을 위해 어쩔 수 없는 일이었다. 그 '더러운' 일은 누군가는 해야 했다. 아무도 이해하지 못한다 해도 그건 각오해야 하는 일이었다. 그런 고독함과 비장미에 젖어 있었던 것이 생생히 기억난다고 말했다.

이 일은 그들에게 지금까지 악몽에 시달리게 하는 기억이 되고 있다. 자신이 누군가에게 그렇게 폭력적이었다는 사실, 그 폭력적이었던 것에 대해 부끄러워하기는커녕 오히려 비장할 정도로 자아도취되어 있었다는 것은 부끄러움을 넘어 무서운 일이었다. 그들에게 당시 친구들을 때리며 비장미에 젖어 있는 자신을 거울에 비춰봤다면 어떤 모습이었을지 되묻자 이구동성으로 답했다. "괴물이었을 것이다." 권력에 도취되고 권력에 의해 휘둘리는 괴물의 모습이었을 것이라고 말했다.

그러나 당시 그들은 자신이 괴물임을 인지하지 못하고 있었다. 자신을 비춰볼 거울이 없었기 때문이고 거울에 비춰볼 생각을 하지 못했기 때문이다. 대신 그들은 자기 마음속에 비춰진 자신의 모습에 취해 있었다. 고독하고 비장미에 젖은 자신의 '상상된 아름다움'에 취해 있었다. 그들은 이런 자기가 바로 나르시시스트였고, 괴물이었다고 말했다.

제도가 만드는 괴물

이들과의 대화는 나에게 몇 가지의 중요한 사실을 알려줬다. 첫째, 폭력은 권력관계에서 벌어지는 일이며, 권력의 비대칭성은 언제든 '평범한' 누군가를 '악'으로 만든다는 점이다. 이들이 당시에 폭력적일 수 있었던 것은 그 자신의 물리적 힘과는 무관한 일이다. 제도에 의해 권력은 위임되었다. 그리고 그 제도를 자신이 문제시하지 않는 한 '폭력'은 필연적인 것이었다. 제도에 충실하면 충실할수록 폭력은 더욱 정당화된다.

둘째, 타인에게 폭력을 휘두르는 괴물은 제도의 바깥에서 만들어지는 것이 아니라는 점이다. 권력의 비대칭성을 끊임없이 구조화하는 제도에 대해 질문을 던지지 않을 때, 괴물은 바로 그 제도의 '안'에서 만들어진다. 그 제도 안에서 자신에게 할당된 역할에 충실하고 다른 이에게도 제도 안에서 주어진 역할에 충실할 것을 강요할 때, 그 사람이 바로 폭력을 휘두르는 괴물이 된다.

우리는 한나 아렌트Hannah Arendt와 바우만을 통해 이 제도에 충실한 인간이 어떻게 '악'이 되는지에 대해 많은 이야기를 들었다. 아우슈비츠에서 자신의 역할에 충실했던 아이히만은, 자신의 역할에 충실했기 때문에 '악'이 되었다. 아렌트는 이것을 '악의 평범성'이라고 말했다. 아이히만의 가장 큰 잘못은 여기에 대해 한번도 질문을 던지지 않았다는 점이다. 그는 그의 역할에 대해 질문을 던지지 않았기에 '제도의 언어'를 단순 반복하기만 했다. 또한 제도와 자기의 역할에 대해 생각이 없기에 자기 언어가 없는 사람이며, 자기 언어가 없기에 자기를 돌아볼 수 없는 사람이다. 무-사유와 무-성찰성이 사람을 괴물로 만든다.

바우만은 여기서 한 걸음 더 나아간다. 그를 괴물로 만든 것은 그 자신의 무-사유이기만 한 것이 아니라 바로 그 제도다. 그는 『현대성과 홀로코스트』라는 책에서 홀로코스트는 관료제적으로 작동하는 현대성의 바깥에서 벌어진 것이 아니라 바로 그 현대성의 산물이라고 주장한다. 단순화해서 말하면 고도로 관료화된 현대 사회의 조직에서 '책임'은 최종 결과에 대한 책임, 즉 피해자에 대한 책임이 아니라 자기 상사에 대한 책임으로 뒤바뀐다. 일을 제대로, 제때 처리하지 못해 상관과 동료에게 민폐를 끼치는 것이 그 일의 결과에 의해 벌어지는 피해자에 대한 책임을 대체하는 것이다.

글 첫머리에서 이야기한 반장들은 아이히만과 달랐던 것일까? 그들은 폭력을 휘두르면서 자기가 때렸던 친구들이 겪는 고통에 대해 책임을 느끼지는 못했던 것 같다. 그들은 오히려 담임 교사에게 잘못했다는 감정을 느꼈다고 했다. 담임이 자기에게 위임한 일을 제대로 처리하지 못해서 학급 성적이 떨어지거나 소란스러운 일이 벌어졌다고 생각했다고 한다. 피해자에 대한 책임이 상관과 동료, 즉 제도의 원활한 처리과정에 대한 책임으로 전도된 것이다. 이것을 바우만은 '도덕적·윤리적 책임'이 '기술적 책임'으로 전환되는 것이라고 말한다.[1] 이렇게 책임이 기술적인 것이 되면 사람은 윤리적으로 둔감해진다. 앞서 말한 것처럼 괴물은 제도 바깥이 아니라 제도의 산물이다.

순교자적 나르시시스트

반장들의 이야기를 계속해서 곱씹게 되는 것은 당시 그들이 빠진 고독감과 비장미, 그리고 그 정서에 도취되어 있던 모습에서 나르시시스트야말로 괴물이라는 것을 알게 되었기 때문이다. 소크라테스가 무지 중의 가장 큰 무지가 자기가 모른다는 것을 모르는 무지라고 말한 것처럼 괴물 중에 가장 대책 없는 괴물이 자기가 괴물이라는 것을 모르는 괴물이다. 나르시시스트는 제 자신의 괴물로서의 모습을 비춰볼 수 있는 타자-거울을 상실/파괴하고 오로지제 자신 안에서 자기의 모습을 제멋대로 상상하고 도취되는 존재다. 그는 자신이 괴물이라는 것을 모른다. 오히려 그 괴물 같은 모습마저 고독하고 비장한 것으로 '미학화'해버린다.

이것은 아렌트의 『예루살렘의 아이히만』에서도 나타난다. 그에따르면 나치 친위대는 자신들이 휘두르는 폭력에 취하거나 즐기는것을 금기시했다고 한다. 폭력에 도취되고 즐기는 자는 사실 '하급'의 존재에 지나지 않는다. 나치 친위대는 자신이 폭력에 취하는것을 엄격하게 통제하고, 대신 자신이 하는 일이 끔찍하고 고통스러운 일이지만 누군가는 수행해야 하는 '불가피한' 일로 받아들였다. '타자에게 폭력을 휘두르는 것을 즐기는 주체'가 아니라 '자기자신의 고독과 비장미에 젖은 주체'로 자신들을 생각했다.

내가 주목하는 '과격화된 주체들' 역시 이런 비장미에 젖어 있다. 이들은 대부분 자신이 어떤 신성한 범주의 '도구'가 되는 것을마다하지 않는다. 국가나 민족 혹은 인종이나 다른 어떤 범주라고하더라도 그것을 실현시키기 위해서 누군가는 '불가피한 일'을 해야 한다. 손에 피를 묻혀야 한다. 손에 피를 묻히는 것이 지금 당장은 도덕적·윤리적으로 비난받을 일이지만, 그것은 일이 되게 하기위해 필수적인, 아니 신성한 일이다. 그렇게 생각하기에 그들은 고

독하면서, 비장할 수 있게 된다.[2]

이런 의미에서 과격화된 주체들은 역전된 의미에서의 '신성한 인간'이다. 고대 로마에서 신성한 인간(호모 사케르)은 누구나 죽일 수 있고 그 책임을 지지 않지만 동시에 재단에 제물로도 바칠 수 없는 인간을 가리키는 역설적인 말이었다.[3] 반면 과격화된 주체들은 자기 자신을 제외하고는 누구도 자신을 죽일 수 없되 동시에 재단에만 바쳐질 수 있는 신성한 존재들이다. IS의 자살테러를 떠올리면 쉽게 이해할 수 있다. 자살테러를 하는 이들의 심리를 들여다보면, 그들은 '자기만이 자신을 죽일 수 있다. 다른 이가 나를 죽이도록 내버려둘 수는 없다. 또한 그렇게 죽는 것을 통해 나는 국가와 민족, 종교에 목숨을 바친 신성한 재물이 된다'라고 생각한다. 호모 사케르와 정확히 역전된 존재인 것이다.

호모 사케르의 전도된 거울상인 이 존재를 우리는 전도된 '순교자'라고 부를 수 있을 것이다. 이들이 스스로를 순교자라 부르는 것은 상징이나 비유가 아니라 문자 그대로 이들 스스로의 정체성이다. 이들은 자신을 순교자로서 바라본다. 이들은 누군가를 죽이는 그 순간까지 자신이 누구를 죽였다는 것에 주목하는 것이 아니라, 그 살인을 통해 '순교'하고 있는 자기 자신의 모습에 도취된다. 나르시시즘[4] 중에서도 과격화된 주체들이 보이는 나르시시즘은 순교자의 나르시시즘인 것이다.

이처럼 이 순교자적 나르시시스트의 무서움은 그가 타자를 파괴하는 순간조차 타자에 중점을 두지 않고 자기 자신을 바라본다는 사실이다. 그는 '폭력에 취한 자'가 아닌 '자기 자신에 취한 자'이다. 나르시시스트에게 타자는 파괴되는 순간조차 그저 자신의 아름다움을 위한 '도구'에 지나지 않는다. '타자의 도구화/타자화'야말로 나르시시스트가 타자에게 가하는 가장 무서운 존재론적인 폭력이다.

타자에게 폭력을 휘두를 때조차 자기 자신에게 취하는 나르시시스트는 아우슈비츠 같은 극한의 예외적인 공간에서만 만들어지는 것이 아니다. 아렌트와 바우만의 이야기에 따르면 근대성^{modernity} 자체가 자신이 괴물임을 돌아보지 못하는 나르시시스트, 자신의 괴물됨마저 미학화하는 나르시시스트를 체계적으로 양산한다. 그리고 이런 자신의 고독과 비장미에 젖어 스스로를 괴물로 만드는 제도에 대해 질문을 던지지 못하는 나르시시스트를 만드는 것을 통해 체제는 무탈하게 작동하고 재생산된다고 할 수 있다. 이 체제는 나르시시스트를 생산하고 이런 나르시시스트를 통해 체제 역시 성공적으로 재생산된다.

이런 순교자적 나르시시즘은 '자아실현'을 위해 자기에 몰두하는 개인이라는 근대적 나르시시즘[5]과는 병렬적이지만 동시에 대비되는 나르시시즘이다. 자아실현을 위해 자기에 몰두하는 나르시시스트들 역시 타자를 도구화하고 자기를 미학화하지만, 그는 자기 이외의 모든 존재와 불화한다. 그는 세계 전부와 적대하더라도 자기 자신과의 화해를 추구한다. 그에게 가장 중요한 것은 다른 누구도 아닌 '진실한 자신'이 되는 것이기 때문이다. 반면 이 순교자적 나르시시스트들은 거꾸로 범주와의 절대적 동일시를 통해 그 제도 혹은 범주를 현실에서 실현시키기 위해 세계와 적대한다.

나를 잊은 나

'개인'이라는 나르시시스트는 그 어떤 조직이나 제도 혹은 범주와도 자신을 쉽게 동일시하지 않아야 한다.[6] 자기밖에 모르는 이기주의자인 이 나르시시스트는 국가와 민족, 인종 등 어떤 사회적 범주보다 자신이 우선한다. 그래서 자신을 그런 범주로 환원하고 포획하려는 시도에 대해서 저항하는 경향을 가진다. 그는 자신을 포획하고 동일화하려는 이런 시도에 대해 무조건 '아니오'라고 말해야 한다. 그래야 자기 자신이 될 수 있기 때문이다. 그래서 그가 불화를 시도하는 '타자'는 일체의 다른 존재들이기도 하지만, 무엇보다 가장 큰 타자인 '세계' 혹은 '사회' 그 자체다.

이런 존재가 되기 위해 가장 필수적인 말이 있다. 내가 나를 알아가고, 내가 알아낸 나를 실현시키기 위해 준비하고 노력하는 과정에 방해가 되는 것들에 대해 '아니오'라고 말할 수 있어야 한다. 내가 나이기 위해서는 내가 아닌 것들이 내 삶에 주인 노릇을 못하게 해야 한다. 내가 아닌 존재들은 나의 삶에서 조력자는 될 수 있을지언정 결코 주인 노릇을 해서는 안 된다. 주인 노릇을 하려고 하는 것들에게 '아니오'라고 말할 수 있는 것, 그것이 무엇보다 중요한 조건이다.

물론 '아니오'는 처음부터 분명히 할 필요는 없다. 사실 최초의, 대부분의 '아니오'는 직감에 의존한다. 무엇인지 정확하게 설명하지 못한다 하더라도 그것이 아니라는 느낌이 든다면 나는 아니라고 말할 수 있다. 누군가가 그것이 논리적이지 못하다며 분명하게 설명할 수 있을 때까지는 침묵하라고 한다면 거기에 설득되어서도 안 된다. 오히려 그렇게 논리적으로 설명할 수 있을 때까지 침묵을 지키라는 요구에 대해서도 '아니오'라고 말할 수 있어야 한다. '아니오'는 침묵 후에 분명해졌을 때 비로소 말할 수 있는 것이 아니라 오히려 '아니오'라고 말하는 과정에서 분명해지는 것이기 때문이다.

그런데 우리가 최종적으로 '아니오'라고 말을 해야 할 존재가 있다. 바로 나 자신이다. 우리는 가끔 낯선 존재로서의 자신을 만난다. 폭력적이고 잔인한 나, 그것을 즐기는 나, 그런 괴물 같은 나를 만날 때가 있다. 이 낯선 존재로서의 나, 나도 모르던 나와의 대면은 내가 하나가 아니라 둘 혹은 그 이상이라는 것을 깨닫는 계기가 된다. 특히 그 '낯선 나'가 괴물스러울수록 우리는 자기도 모르는 자기 내면의 자신을 만났다고 생각한다.

이 괴물로서의 자신을 만나게 되었을 때 우리는 당혹감을 느끼면서 동시에 질문을 던지게 된다. '나는 누구인가'라는 질문이 그것이다. 나 자신이 되기 위해서는 세계와의 적대로는 부족하다. 그 적대는 최종적으로 나 자신을 향해야 한다. 괴물로서의 자신을 발견하지 않고서 자기에 대해 질문을 던지는 것을 불가능하다. 내가 괴물이 될 수 있다고 경계하는 것을 넘어, 오로지 괴물로서의 자신과 대면할 때만이 자기 자신에 대한 질문으로 이어진다.

질문을 던지는 순간이 바로 자신의 동일성이 해체되는 순간이다. 나는 질문을 던지는 나와 질문을 받는 나, 지켜보고 있는 나와 보여지고 있는 나로 해체된다. 그렇기에 자신의 괴물됨과 대면한다는 것은 자기 자신을 낯설게 바라본다는 것을 넘어 분열된 존재로서의 자신과 비로소 대면하게 된다는 것을 의미한다.

자신의 타자성이란 자기 안에 자기도 모르는 악마가 산다는 그런 낮은 수준의 말이 아니다. 타자성은 나도 모르는 '낯선 나'를 만날 때 대면하게 되는, '내가 분열되어 있다는 사실' 그 자체다. 분열되어 있기에 나는 괴물이다. 분열되어 있는 존재로서 괴물이다. 따라서 자기 자신의 괴물됨과 만난다는 것은 우리 안의 파시즘과 같은 내 안의 악마성과 만난다는 말이 아니라, 우리가 분열되어 있다는 것, 그 분열된 균열의 심연에서 괴물과 만난다는 말이다.

그러므로 소크라테스의 '너 자신을 알라'는 말은 여기서 재해석될 필요가 있다. 그가 말한 '너 자신을 알라'는 너 자신이 분열된 존재임을 알라는 것이다. 그가 말한 자기가 알지 못한다는 것을 모른다는 것이 가장 큰 무지라는 말 역시 자신이 분열되어 있다는 것을 알지 못하는 무지야말로 가장 큰 무지라는 말이다. 자신이 분열되어 있는 존재라는 것을 아는 자만이 자신을 사랑할 수 있고 자신을 배려할 수 있다. 분열된 존재이기에 우리는 자신에 대해 질문을 던질 수 있고 분열된 존재이기에 자신을 배려해야 하는 존재가 된다.

이것은 서구 인권의 역사에서도 확인할 수 있다. 서구에서 인권이 잘 발달한 것은 그들이 특별하게 인간의 존엄에 대한 감수성이 예민해서 그런 것이 아니다. 오히려 서구 인권의 역사는 나치즘이라는 서구 근대가 만든 괴물과의 만남을 통해서 발달할 수 있었다. 나치즘은 그들 스스로도 생각해보지 못한 자기 문명의 괴물스러운 뒷면이었다. 그들은 오랜 시간 나치즘이 근대의 예외적 현상인지 아니면 근대의 필연적 결과인지에 대해 토론하고 씨름했다. 자기 문명의 균열, 그 분열과 대면했던 것이다.

적어도 내가 보기에 그들이 그 과정에서 발견한 것은 인간이 얼마나 깨지기 쉬운 존재인가 하는 점이었다. 그들이 만든 인권에 대한 선언은 인간이 본질적으로 존엄하기 때문이 아니라, 그 인간의 존엄이 본질적으로 깨지기 쉽다는 것을 알아차렸기 때문에 나올 수 있었다. 다만 그들은 그 과정에서 낙관도 비관도 하지 않은 채 깨지기 쉬운 존엄이 깨지지 않게 하는 장치들을 만들었으며, 오늘날 우리는 그 장치들을 인권이라고 부른다. 이것은 서구가 나치즘이라는 근대성의 괴물과 직면하지 않았더라면 결코 탄생하지 않았을 스스로에 대한 배려이다.

이런 점에서 인간의 복수성은 인간에게 저주가 아닌 축복이다. 그 복수성을 통해서만 인간은 자신에 대해 질문을 던지며 자기를 만날 수 있고, 자기를 망각하거나 망가뜨리지 않고 배려할 수 있기 때문이다. 자신의 분열을 배려하지 못하는 순간 그는 자신이 괴물임을 잊어버리고 괴물이 되어버린다. 더욱 비극적인 것은 자신이 괴물이 되어가면서도 그것이 괴물이라는 것을 인지하지 못한다는 점이다. 오히려 그는 그 괴물됨을 강함으로 인식해 숭배하게 된다.

자기에게 취하다

우리는 나르시시즘을 흔히 자기에 대한 사랑이라고 말한다. 그러나 나르시시즘과 자기에 대한 사랑·배려는 전혀 다른 것이다. 사랑이 타자성과 관련된 것이라면 나르시시즘은 오로지 동일성, 정체성과 관련된 것이기 때문이다. 나르시시스트가 타자를 통해 자신의 통합성-동일성identity을 만난다면, 자기를 사랑하는 자는 반대로 자기 안의 타자성otherness과 만난다. 나르시시즘과 자기에 대한 사랑이 역설적으로 정반대인 셈이다. 나르시시즘이 동일성의 논리

라면 사랑이란 타자성의 문제다.[7]

바로 이 점이 나르시시스트가 자기를 사랑하지 못하는 근본적 이유가 된다. 나르시시스트는 자기를 바라보기 위해 타자를 이용하고, 타자에 비친 자기에 매혹될 정도로 자기를 사랑한다고 생각하지만, 사실 그는 자기에 취해 넋이 나간 상태다. 과격화된 주체들이 보이는 비장미 넘치는 나르시시즘에서는 문제가 더 심각해진다. 앞서 말한 것처럼 그들은 자의식으로 회수하여 비장미로 향유해버린다. 괴물인 자신을 돌보기는커녕 더 괴물로 폭주해버린다. 자신과 괴물로서의 자신 사이의 분열의 거리를 없애고 괴물로 통합되어 버리는 것이다.

자신에게 취하기 위해서 분열은 감추어져야 한다. 나르시시스트가 보기에 분열된 자신은 결코 아름다울 수 없기 때문이다. 나르시시스트가 빠진 자기의 아름다움이란 거울에 비친 아이의 모습처럼 통합되어 있는 자신, 그렇게 잘 통합되어 있는 환상[8]이기 때문이다. 나르시시스트는 자신의 동일성을 사랑한다. 그렇기에 1차적 나르시시즘은 자신이 분열되어 있다는 것을 결사적으로 감추려고 한다. 누구에게보다 자기 자신에게 감추려고 한다.

자신의 분열을 감추는 가장 좋은 방식은 무엇일까? 그것은 사실 한 번도 가지지 못했던 자신의 통합성-동일성을 마치 잃어버린 것처럼 가정하는 것이다. 여기에 우울의 비밀이 있다. 우울은 "차라리 가질 수 없는 대상을 마치 잃어버린 대상으로 보이게 하는 상상력에 가깝다."[9] 사실 그는 한번도 통합되어 있었던 적이 없다. 이 통합성-동일성이란 인간이 가질 수 있는 것이 아니다. 한번도 소유해본 적이 없기 때문에 사라지는 것조차 불가능하다. 그런데도 그는 과거에 그가 그것을 가졌다고 생각한다. 그리고 어느 순간 그는 그것을 빼앗겼거나 잃어버렸다고 생각한다. 그렇기에 그는 자신의 통합성-동일성을 되찾아와야 한다고 믿고 되찾을 수 있다고 믿는다.

사람이 자기 자신을 기만하는 방식은 이중적이다. 이제 그만 세상에 대한 관심을 끊어버리고 싶다고 말하는 사람이 있다고 가정해보자. 우선 우리는 그가 세상에 대한 관심으로 인해 고통받았으리라 짐작할 것이다. 혹은 그는 세상과 타자에 대한 관심과 연민을 가지고 비판했지만, 오히려 그것 때문에 주변 사람들이 고통을 받고 있으며, 주변 사람들이 고통받는다는 사실이 고통스러워 이제는 세상과 타자에 대한 관심을 끊어버리고 자기에 집중하고 싶다고 생각한 것으로 짐작할 수도 있다. 또 다르게는 그 관심 때문에 보지 않아도 되는 것을 보고, 알지 않아도 되는 것을 알게 됨으로써 고통받는다고 여길지도 모른다.

이런 생각은 그가 한 말이 곧 그가 한 생각이며 그 자신으로 잘 통합되어 있다는 것을 가정하고 있다. 그의 고통과 분열이 그의 언어와 존재 사이에 있는 것이 아니라 세계와 그 자신 사이에 있다고 보는 것이다. 이런 관점에서 본다면 세계와 자신의 분열 사이에서 고통스럽다고 말을 한 사람은 자기 자신에 관한 한은 자신의 통합성-동일성에 대해 환희에 젖은, 그 아름다움에 빠진 나르시시즘 상태라고 할 수 있다. 마음만 먹으면 자기는 자기에게 집중할 수 있고 세상과 결별하고 자기와 화해할 수 있다고 보는 것이다. 따라서 그는 세상에 대한 관심을 그만 끊어버리고 싶다고 말할 때, 고통스러워하면서 동시에 기뻐한다. 세계와 자신을 갈라놓고 있는 자신의 언어 때문에 괴로워하면서 동시에 그 언어는 자신이 '하나'라는 것을 보증해주고 있기 때문이다. 그 언어로 잘 통합된 존재로서의 자신의 아름다움을 바라본다. 따라서 저 말은 불화의 언어가 아니라 자신의 동일성-아름다움에 취한 나르시시즘의 언어다.

따라서 세계와 그 사이의 분열을 확인하고 확증하는 그의 진술이 사실은 자신의 분열을 기만하기 위한, 자신의 괴물됨을 감추기 위한 말이라면 사태는 정반대가 된다. 그는 이 진술을 통해 자신의 분열에 대해 무엇을 감추려고 하는 것일까? 그가 감추려고 하는 것은 하나다. 자신이 한번도 가져본 적이 없는 것을 마치 잃어버린 것처럼, 혹은 잃어버리고 싶어하는 것처럼 기만한다는 사실이다. 단적으로 말해 그는 세상에 대한 관심을 잃어버리고 싶은 사람이 아니라 관심을 가져본 적이 없는 사람이다. 한번도 세상을 연민해보지 못했다는 것, 그 괴물스러운 자신의 분열을 감추기 위해 그는 자신이 가지지 못한 것 때문에 고통받고 있다고 위장한다. 그에게 세계와의 불화는 자신의 '관심/연민 없음'을 감추는 알리바이가 된다.

자신의 괴물됨을 감추고 나르시시즘에 빠진 이들이 자신의 동일성을 잃어버린 게 아니라 빼앗긴 거라고 생각하는 것은 훨씬 위험하다. 그들은 남자로서의 자신을 여성들, 아니 페미니스트들에 의해 빼앗겼다고 생각하고, 남성다움이란 동일성을 동성애자들에게 빼앗겼다고 생각하고, 자신들의 민족적 순수성과 동일성을 이주노동자들이 위협하고 있다고 생각하고, 문화적 동일성을 소수자들이 파괴한다고 생각한다.

그들은 동일성을 되찾는 방법으로 아예 자신을 괴물로 통합시켜버린다. 괴물과 거리를 둬야 하는 자기는 괴물 속으로 빨려 들어가 용해되어버린다. 분열을 감추는 방식에서 분열을 제거해버리는 것으로 넘어가는 것이다. 그가 숭배하고 매혹되는 것은 이 괴물의 힘이다. 앞에서 말한 세상을 리셋하고 싶다고 말하던 자들이 숭배하는 것이 바로 이 힘이다. 글 첫머리의 반장들이 매혹된 것도 바로 이 힘이다.

이들에게는 비장한 자기에 대한 탐닉만이 있다. 국가든, 민족이든 혹은 진짜 신이든 분열된 자신의 괴로움을 알고 치유해줄 존재를 상상하며 자기를 비장하게 '미학화'한다. 그렇기에 이들은 가장 과격한 형태로 세계와 불화한다. 과거 세계와의 불화가 좌파의 전유물이었다면 이제 세계와의 불화는 원한의 정념에 사로잡힌 과격화된 주체들의 것이 되었다. 이들이 보기에 세상은 부패할 대로 부패했기에 구원의 가능성이 없다. 이 사회는 철저히 파괴되어야 하고 그 시원始原으로 돌아가야 한다.

그러므로 자아에 탐닉하지만 자기가 파괴되고 있는 현재의 상황은 결코 심리적인 사건이 아니다. 개인이 병들고, 주체의 심리가 약해져서 벌어지는 것이 아니다. 이 시대의 사람들이 자기를 잃어가고 있고 스스로를 파괴하고 있는 것은 신뢰할 수 있는 바깥의 소멸과 함께 벌어진, 사회학적이며 역사적인 사건이다. 그럼에도 우리가 이 문제를 다루는 방식은 지나치게 병리학적이다. 나는 주체를 '병리학'화하는 것이 바로 사회의 무능이라고 생각한다. 주체의 붕괴를 병리학의 문제로 전환하는 것, 그것이 바로 이 사회의 병리학이라는 말이다.

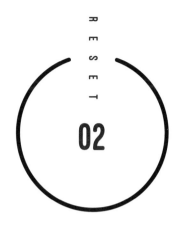

RESET

02

리셋
을/
부르는/
세상

1장
좋은 삶이 불가능한 국가

아프리카 베냉^{Benin}이라는 나라에 국제회의 참석차 갔을 때 일이다. 회의를 마치고 같이 간 여러 친구들과 의기투합해 이 나라의 고도^{古都}로 여행을 다녀오기로 했다. 베냉은 부두교의 발생지이며 동시에 오래된 왕국이 있던 곳이라 아프리카의 왕국 문화를 볼 수 있는 좋은 기회라며 같이 가자고 이야기가 된 것이다. 프랑스, 오스트리아 그리고 페루에서 온 친구들과 베냉 국립대학의 심리학과 교수인 친구까지 함께 렌터카를 빌리고 기사를 고용해 여행을 떠났다.

가는 길은 험난했다. 200킬로미터가 채 되지 않는 거리였지만 가는 데 거의 5시간이나 걸렸다. '고속도로'라고 부르기는 했지만 도로 사정이 형편없었다. 내전으로 파괴된 도로의 보수가 제대로 되지 않아서 도로 곳곳이 깊게 패여 있었다. 가는 길 내내 패어 있는 구멍들을 피하지 못하고 뒤집어져 연기를 뿜고 있는 차를 몇 번이나 목격했다. 사고가 난 것이다. 이곳에서 사고는 일상다반사라고 했다.

돌아오는 길이었다. 위험하니 쉬엄쉬엄 가자고 했다. 1시간에 한 번은 휴게소 비슷한 곳에 들렀다. 중간쯤 왔을 때 한 10분을 쉬고 나서 운전기사에게 이제 그만 가자고 이야기를 하러 갔더니 "벌써 가요?"라고 하며 옆에 둔 1리터짜리 병에 남은 맥주를 '원샷'했다. 일행들은 경악했다. 이제 운전을 해야 하는데 술을 그렇게 마셔도 되냐고 하자 그는 괜찮다고 했다. 난감한 상황이었다. 가이드를 자처한 교수를 쳐다보니, 그 역시 괜찮을 거라고 했다.

하지만 괜찮지 않았다. 돌아오는 내내 그는 술을 마셔서 그런지 흥분해서 더 속력을 냈다. 추월하려고 시도하다 마주오던 차와 거의 부딪칠 뻔하기도 했다. 그때마다 옆자리에 앉아 있던 교수가 운전기사를 말렸다. 도로에 전복되어 있던 차들이 남의 일이 아니었다. 평소에 별로 기도를 하지도 않던 사람들이 일제히 묵주를 꺼내서 기도를 했다. 다행히 별일 없이 돌아올 수 있었지만, 내리면서 다들 안도의 한숨을 내쉬었다.

돌아오고 난 다음 연구실에서 질문이 이어졌다. 다들 어떻게 이런 일이 있을 수 있는지 따져 물었다. 그 교수는 한숨을 쉬면서 우리에게 살아오면서 죽음을 몇 번 경험했는지 되물었다. 나이가 많은 프랑스 친구가 자기 할아버지와 할머니 그리고 부모님 이야기를 했다. 다들 아직 형제들의 죽음을 경험한 적은 없었다. 제2차 세계대전 이후로 전쟁을 경험해본 적 없는 전후 세대들이었다. 페루에서 온 친구는 내전은 있었지만 대도시에 사는 엘리트 중산층인지라 '빛나는 길'과 같은 내전을 몸으로 경험하지는 않았다고 했다.

그는 우리에게 베냉에서 산다는 것이 무엇을 의미하는지를 알려줬다. 극단적으로 말하면 어렸을 때 형제 한두 명은 설사병이나 영양실조로 죽는다. 다행히 이 시기를 지난다 하더라도 소년 소녀가 되면 언제든 반군에 의해 납치되거나 죽을 수 있다. 어른이 되면 내전이나 조직화된 폭력에 희생될 수 있다. 이렇듯 어른 아이 구분 없이 집안 곳곳에서 일상적으로 죽음을 경험하게 된다고 했다. 그들이 이렇게 죽음에 대해 '둔감'한 이유다.

물론 이들이 죽음에 둔감하다고 해서, 죽음을 대수롭지 않게 여기는 것은 아니다. 죽음은 여전히 참을 수 없이 슬픈 일이다. 그러나 그 죽음이 너무 '쉽게' '도처에서' 일어난다면 삶이 필연이 아니라 죽음이 필연이고 삶이 우연이 된다는 것이다. 우리가 도로에서 몇 번 부딪칠 뻔했지만 '재수가 좋아서' 살아난 것처럼 말이다. 재수가 없어서 죽는 게 아니라 재수가 좋아서 살아남는 것이다. 이 나라에서 나는 삶과 죽음, 그리고 필연과 우연이 완전히 전도된 세상을 경험했다.

국가의 간섭을 참는 까닭

삶이 우연이 아니라 필연이 된 것은 인간의 역사에서 그리 긴 편이 아니다. 소위 근대라는 시대가 열리기 전까지 사람들은 삶은 우연이고 죽음이 필연이라고 생각했다. 그래서 살기 위해 매달릴 수 있는 것은 신과 같은 절대자였다. 그들의 자비와 변덕에 인간의 운명이 맡겨졌다. 사람들은 열심히 빌었다. 살게 해달라고 빌었고, 죽고 난 다음에는 삶이 우연에 불과한 지금보다 더 나은 세상으로 가게 해달라고 빌었다.

근대 사회의 출현은 삶이 우연이 아니라 필연이 되는 가능성을 제공했다. 근대 사회는 이 우연에 대한 통제의 가능성에 기초해 사람들에게 크게 세 가지 차원의 안전security을 제공한다. 첫 번째로 외적의 침입에 대한 안전이다. 국가가 군대와 경찰 같은 폭력을 독점하면서 외적의 침입에 대한 '안전'을 보장한다. 두 번째로는 자연재해에 대한 안전이다. 과학기술의 발달은 태풍이나 지진 같은 자연재해를 완전히는 아니더라도 어느 정도는 예방하거나 긴급히 대처할 수 있게 했다. 끝으로 '시장의 변덕'으로부터의 안전을 제공한다.[1]

이렇게 외적 침입, 자연재해 그리고 시장의 변덕으로부터 안전할 수 있게 되면서 우리 삶은 비로소 통제될 수 있었다. 외부의 변수가 통제될 수 있다고 생각함으로써 삶은 운명에 맡겨진 것이 아니라 인간이 예측하고, 통제하고, 기획할 수 있는 것이 되었다. 삶이 우연이 아니라 필연이 된 것이다. 재수가 좋아서 살아 있는 것이 아니라 죽는 일이 재수가 없어서 벌어지는 일이 되었으며, 우연히 살아 있는 게 아니라 필연적으로 살아 있게 된 것이다.

이렇듯 삶이 '보호'되어야 비로소 사람은 자기 삶을 예측하고 기획할 수 있게 된다. 이 책의 1부 1장에서 말한 '성장하는 삶'이란 바로 이런 '안정성'의 산물인 셈이다. 물론 여기서 통제라고 함은 모든 것을 100퍼센트 통제할 수 있다는 의미가 아니다. 오히려 근대 사회가 발전하면서 모든 것을 예방하고 통제할 수는 없다는 것을 알게 되었다. 그래서 예방할 수 있는 것과 예방할 수 없는 것을 구분하고, 예방할 수 없는 것에 대해서는 사고가 벌어졌을 때 즉각적으로 대처할 수 있는 시스템을 만들기 위해 노력했다.

두 가지의 대표적인 예가 있다. 첫 번째는 질병이다. 모든 질병을 예방할 수는 없다. 가급적 예방할 수 있는 기술을 발달시키려고 노력해야겠지만 다 할 수 있는 것은 아니다. 예를 들어 2015년의 메르스 사태 같은 돌발적인 질병이 한국에 유입되는 것을 100퍼센트 예방할 수는 없다. 외국에서 들어오는 사람이 열이 있다고 해서 그걸 다 신종 질병으로 의심하고 검사할 수는 없는 노릇이다. 의료계에서 하는 유명한 말처럼 텍사스에서 말 달리는 소리가 들릴 때 그걸 '얼룩말'로 의심하는 것은 불필요한 일이다.

그러나 일단 한번 유입이 되고 나면 재빠르게 재난을 예방하는 시스템이 가동되어야 한다. 2015년 당시 한국 정부가 실패한 것이 바로 이 부분이다. 한국에 메르스가 유입되는 것 자체를 완전히 통제할 수는 없겠지만, 한번 발병이 되고 난 다음에 어떻게 대처하는지가 삶을 우연으로 만드는지, 필연으로 만드는지를 가름한다. 이 점에서 한국 정부는 완전히 실패했고, 그 순간 한국 국민들을 깨달았다. 이 나라에서 삶은 필연이 아니라 우연이라는 것을 말이다.

두 번째로는 시장의 변덕이다. 자본주의 시장은 변덕에 기초하고 있다. 사람들의 삶을 이 변덕에 맡겼다가는 자산이 없는 사람들의 삶부터 무너지게 된다. 그래서 시장의 변덕을 통제하거나, 시장의 변덕 이후의 삶을 방어하기 위해 여러 가지 복지나 노동 재교육 프로그램 같은 것을 서구 '근대' 사회는 만들었다. 이를 통해 한 회사의 운명이나 그에 딸려 있는 노동자의 삶을 완전히 통제할 수는 없지만, '해고' 이후에 벌어지는 일은 노동자 '개인'의 불운이기에 전적으로 그에게 맡겨진 것이라고 생각하지 않게끔 하는 것이 그 사회의 역할이 된다.

이처럼 사회는 두 가지 방식으로 작동한다. 하나는 예방하는 역할이다. 이 예방이 잘 작동하고 있을 때 우리는 사회를 체감하지 못한다. 외국에서 돌아와 입국할 때 검역 설문을 쓰고 체온을 재는 적외선 카메라를 통과한다. 그럴 때 우리는 좀 귀찮게 여기지 사회가 제대로 작동하고 있다는 증거로 여기지는 않는다. 반면 사고가 발생했을 때 작동하는 대처 시스템을 보고 우리는 사회가 작동한다는 것을 실감하게 된다. 내 삶이 실질적이고 물리적으로 통제되는 것을 느끼기 때문이다.

'아이'만은 살려야 한다

서구에서 사회란 무엇인가를 설명하는 방식은 학파에 따라 다르지만, 크게는 두 방향으로 나뉜다. 마르크스주의 일각의 시각에서 본다면 사회는 불가능한 것[2]이다. 이들이 보는 사회는 일정한 결속에 의해 통합되어 있다는 것을 전제로 하는데, 사회라는 것은 항상적인 결여 내지 적대로 분열되어 있고 이 분열이 다만 이데올로기에 의해 봉합되어 있을 뿐이라고 본다. 사회의 가능성을 허구라고 보는 것이다. 반면 부르주아 사회학에서 본다면, 사회는 상상의 세계에 있는 것이 아니라 실제로 존재하는 것이다. 이들에게 결속으로서의 사회는 실재로서 존재하는 것이고, '만질 수 있는'tangible 것이다.

여기서 만질 수 있다는 표현은 무슨 뜻일까. 평상시 우리는 사회가 존재한다는 것을 느끼지 못하며 살아간다. 사회란 보이지도 않고 만질 수도 없고 그냥 뒤에서 흘러가고 있는 배경 같은 것이라고 생각할 수밖에 없다. 그런데 이 사회를 실감하게 되는 순간이 있다. 그것은 두 가지다. 첫 번째는 좋은 것이건 나쁜 것이건 한 사회의 금기를 깨트렸을 때이다. 그 결과 처벌과 배제를 통해 우리는 사회를 실체로서 경험하게 된다.

두 번째는 앞에서 이야기한 재난과 위기의 순간이다. 재난이나 위기의 순간에 만질 수 있어야만 그게 사회가 되는 것이다. 만약 그 순간이 온다면 나는 보호받을 것이라는 믿음이 있어야 그 사회는 사회일 수 있고, 실제로 그 믿음이 작동할 때 우리는 사회를 만지게 된다. 죽음의 나락으로 떨어지려 할 때 안전망에 의해 보호받게 되는 순간, 사람들은 사회를 실감하게 된다. 내가 실업자가 되고 실업급여를 받다가 급기야는 나락에 떨어지는 순간에도 나를 떠받치고 있는 것이 사회안전망이고 복지다.

물론 모든 사람을 다 보호하는 사회는 유사 이래 없었다. 적어도 지금까지는 말이다. 그러나 어떤 최소한의 합의점이 있다고 한다면 '근대' 사회에서는 '아이'였다. '아이들은 우선 보호해야 한다.' 이것이 어린이와 청소년의 주체성을 제한한 보호주의의 명분이었다. 그래서 어른들은 위기와 재난의 순간에도 최소한 아이들은 보호받는 것을 보고 '사회가 작동하는구나' 하고 느끼게 된다.

청소년을 보호해야 한다는 말은 분명 좋은 의미만을 지니고 있지는 않다. 이들은 보호한다, 무슨 일이 있어도 이들은 보호해야 한다, 하다못해 전쟁이 터져도 이들은 보호해야 한다고 했을 때 과연 무엇으로부터 보호한다는 말일까? 역설적이지만 그것은 사회로부터 보호하는 것을 의미한다. 재난뿐 아니라 사회적 모순과 갈등으로부터 이들을 보호해야 한다는 것, 이 전제 위에 세워져 있는 게 근대 사회인 것이다.

하지만 보호해야 한다는 명분 아래 이들의 자유와 주체성을 제한했다. 보호해야 할 까닭을 이들이 독립적이고 자율적인 주체가 아니라고 규정하는 데서 찾았다. 누군가에게 의존할 수밖에 없는 존재라는 것이다. 그렇기 때문에 평상시에 이것은 억압적인 것이지만 대신 한순간에는 빛을 발해야 한다. 그게 언제인가. 재난과 위기의 시간이다. 평상시에 그렇게 자유와 주체성을 제한했으면 그래도 한순간에 빛을 발해야 하는 것 아닌가. '아이'들의 입장에서는 그동안 당하고 산 것도 억울해 죽겠는데 그렇지 않은가.

그런데 이 최소한의 합의, 믿음이 붕괴해버렸다는 것을 우리는 세월호 사건에서 목도했다. 우리는 왜 이 합의와 믿음이 붕괴한 이곳을 사회라고 불러야 하는가. 무슨 근거로 우리가 이곳을 사회라고 불러야 하고, 내가 여기에 결속되어 있다는 느낌을 가져야 하는가. 이 사회에 결속되어 있기 때문에 우리가 세금을 내는 것 아닌가. '아이'를 잃은 한 아버지가 한국을 떠나겠다며 물었던 질문도 이것이었다.

살게 하고 죽게 내버려두는 권력

그러면 근대 국가라는 건 어떤 토대 위에서 세워진 것인가에 대해 이야기할 차례다. 푸코의 생명권력론에 따르면 중세까지의 권력은 죽게 하고 살게 내버려두는 권력이었다.[3] 내가 힘이 있다는 걸 어떻게 보여줄 것인가. 가장 가시적인 방법은 너를 맘대로 다룰 수 있다는 걸 보여주는 것이다. 이것이 중세권력이 자신을 현시하는 방식이다. 그래서 중세까지의 처형은 공개처형이었다. 죽일 수 있다는 걸 보여줘야 했기 때문이다. 그러면 살게 하는 것은 누구의 몫인가. 그건 너희들이 알아서 하라는 거다. 서양의 중세에는 빈민, 죽어가는 사람, 병자들을 교회가 돌봤다. 수도원이 옛날에는 병원이나 구민서 같은 역할을 했다.

근대로 접어들면서 이것이 바뀌었다. 근대 국가권력은 살게 하고 죽게 내버려두는 권력이다.[4] 이것이 생명권력의 가장 중요한 특징이다. 권력은 더 이상 죽이는 것을 우리에게 보여주지 않는다. 공개처형은 야만적인 일로 비난받는다. 몸에 직접적인 위해를 가하는 신체형도 금지된다. 가능한 형벌은 사람의 '교화'를 목적으로 하는 감금형이다. 감금형이 일반화되면서 처벌받아야 하는 범죄자들은 사람들의 시야에서 사라지게 되었다.

생명권력으로서의 근대권력을 가장 잘 보여주는 기관으로 세 곳을 꼽을 수 있다. 첫 번째는 병원으로, 그곳이야말로 우리의 육체적 생명을 직접적으로 다루는 곳이다. 두 번째는 감옥으로 대표되는 사법부, 세 번째는 학교이다. 사법부야 우리의 육체에 제한하는 곳으로 쉽게 이해할 수 있다. 그렇다면 왜 학교가 생명권력과 직결되어 있는 것일까? 어느 정도 나이가 있는 사람이라면 어렸을 때 학교에서 국민체조를 하거나 채변검사를 했던 기억이 있을 것이다. 국가가 무슨 열과 성이 뻗쳐서 채변검사까지 했겠는가. 죽으면 안 되니까 그런 것이다. 우리를 너무 사랑해서가 아니라 건강해야 노동자가 될 수 있기 때문에 그런 것이다. 노동자가 될 수 있는 몸, 그 몸을 만드는 것이 학교의 중요한 목표였기 때문이다.

노동자가 될 수 있는 몸에는 육체적인 측면도 있지만 또 하나는 태도이다. 대량생산 대량소비 체제에서 노동을 해내기 위해서는 지루함을 참는 훈련이 필요[5]하다. 학교에서 50분 수업하고 10분 쉬는 것을 매일 평균 9시간 동안, 초등학교에서 고등학교까지 12년간 지속하는 이유는 지루함을 참는 연습을 시키는 데 있다. 12년 후 졸업할 때 주는 졸업장 뒤에는, '이 사람은 50분 지루한 것 참고 10분 쉬는 훈련을 12년간 반복하면서 그 과정을 무사히 마쳤으므로 당신네 공장에 가서 50분간 사고 안 치고 지루한 일을 할 수 있음'이라는 말이 숨겨져 있다. 생명을 돌본다는 것, 이런 의미에서는 별로 아름다운 일이 아닌 것이다.

국가는 재난이다?

'근대' 사회가 지향한 생명권력이 '현대' 한국 사회에서는 더 이상 작동하지 않는 듯하다. 물론 그것만 작동한다고 해서 저절로 제대로 된 사회가 되는 것은 아니지만, 그것마저도 작동하지 않는 사회는 희망이 없다. 희망은 둘째 치고 이 사회에 속해 있는 사람들은 생명에 대한 공포감에 휩싸여 있다. 그 공포감은 세 가지 수준에서의 안전이 다 무너져버렸다는 데서 기인한다. IMF 이후의 급속한 신자유주의화는 세 번째 수준에서의 '국가는 우리를 시장으로부터 보호해주지 않는다'는 걸 실감하게 해준 사건이다. 물론 IMF 이전에도 한국은 각자도생하는 사회였지만, 그래도 가족이란 단위가 작동하고 있었다. 가족 단위로 각자도생해온 것이 생존의 방식이다.

1970~80년대 드라마나 영화를 보면 잘 알 수 있지만, 가족 단위의 각자도생이란 가족 구성원 중 한 명에게 몰아주는 방식이다. 공부 잘하는 자식 하나(가부장적 남성중심적 사회였기 때문에 여기서 희생을 일방적으로 강요당한 것은 주로 여성들이었다) 좋은 대학 보내는 걸로 가족 전체가 도생하겠다는 것이었다. 그뿐만 아니라 가족은 친척이라는 연결망을 가지고 있었다. 친척이라는 존재가 한 가족이 망했을 때 그 비참함을 받쳐주는 최소한의 버팀목 역할을 해주었던 것이다. 그 집의 자식을 친척이 데려가서 키운다거

나, 그들이 키워주지는 않더라도 최소한 모른척하지는 않았다. 물론 긍정적인 역할만 한 것은 아니다. 아이를 데려다가 가혹하게 착취하고 학대하는 일도 많았다. 사업을 할 때 연대보증을 서는 것도 주로 친척이었다.

이런 가족 단위의 연결망이 1997년 IMF 위기 때 박살이 나버렸다. 친척이 나를 보호해주는 버팀목이 아니라 나를, 우리 가족을 완전히 패가망신시킬 수 있는 덫이라는 걸 IMF 때 확실하게 깨닫게 되었던 것이다. IMF 이후 복지제도가 거의 작동하지 않는 상황에서 그나마 가지고 있었던 전근대적인 연결망조차 끊기면서 우리는 진짜로 각자도생해버리는, 오로지 고립된 가족을 유일한 단위로 해서 각자도생해야 하는 시대로 넘어가버렸다. 그래서 가족이 붕괴해버리면 정말 아무것도 없는 나락으로 떨어져버리는 것이다. 생활고에 지친 일가족이 동반자살한 '세 모녀 사건'에서 보듯 가족이라는 단위가 더 이상 지탱될 수 없을 때 가족 전체가 세상을 등지고 만다.

이런 와중에 그나마 외부의 적으로부터 혹은 재난으로부터는 보호받을 수 있으리라는 가느다란 믿음에 확실하게 종지부를 찍은 사건이 세월호 사건이며 그 이후 메르스 사태에서 강남역 살인사건, 구의역 사고 등으로 이어지는 일련의 사건들이다. 아니 재난으로부터 보호하고 구해주기는커녕 국가 그 자체가 재난이 되지 않았는가? 국가는 생명을 구하는 데 있어서 너무나 무기력했다. 누군가는 무기력을 넘어 무관심해보이기까지 하다고 말했다. 그들의 관심사는 오로지 그들 자신을 구하는 데만 있는 것 같았다.

바우만은 이것을 근대 관료제의 특징으로부터 찾는다. 즉 "관료제적 분업이라는 조건"에서는 "도덕적 책임성"의 대상이 되는 타자는 자신들의 행위로 인해 고통받는 사람들이 아니라 관료제 내부에서 자신과 함께 일하고 있는 "동료"가 된다. 그 결과 그들이 책임져야 하는 것은 자신의 행위의 결과에 영향을 받는 사람들이 아니라 자신과 자기의 상관 그리고 조직이다. "도덕적 책임성"이 "조직에 대한 충성 형태"를 띠게 되는 것이다.[6]

그래서 이제 우리는 당연히 물을 수밖에 없다. 국가의 존재 이유에 대해서. 도대체 국가는 왜 있고, 왜 나한테서 세금을 뜯어가는 것이며, 왜 날마다 TV에 나오는 것인가 하는 물음이 나오지 않을 수 없는 것이다.

완전한 무능력과 철저한 능력

세월호가 가라앉은 당시, 그리고 그 이후 "이건 나라도 아니다"라는 말을 쉽게 들을 수 있었던 건, 국민들이 진도에서 철저히 무능력한 국가를 보았기 때문이다. 진도에서 우리가 목격한 것은 더 이상 생명을 돌보지 않는 권력이었다. 구조작업은 처음부터 무능력하고 무기력했으며 우왕좌왕의 극치를 보여줬다. 그뿐만 아니라 최소한 사람들이 마음과 쉼을 돌볼 수 있도록 하려는 배려가 전혀 없는 난장판 속에 희생자의 가족들은 여기저기 널브러져 '수용'되어 있었다. 많은 사람들은 "국가가 사라졌다" "시스템이 붕괴했다" "이게 나라냐"라는 말들을 했다. 진도 안에서 보면 너무나 무능력한 권력과 국가의 모습에 국가가 실패한 것처럼 보였기 때문이다. 이렇게 진도 안만 보면 국가가 실패한 것으로 보이지만 이것은 위험한 착각이다.

진도 바깥에서 한국이라는 국가는 역설적으로 너무 잘 굴러갔다. 생명을 살리고 사회를 활성화해 통치하기를 바라는 그런 국가는 애당초 한국에 없다. 대신 다른 성격의 국가가 있다. 그것은 '사회를 해체하는 국가'이다. 이 국가를 보려면 진도를 보면 안 된다. 국가는 진도에서 작동하는 게 아니라 진도 바깥에서 작동한다. 진도 바깥의 상황을 다시 떠올려보라. 그러면 필사적으로 사회가 활성화되는 것을 막는 권력을, 너무나 체계적이고 너무나 조직적으로 사회가 활성화되는 것을 막는 권력을 확인하게 될 것이다.

세월호 사건 이후 학교와 교육 문제로 눈을 돌려보자. 청소년의 사회 참여가 보장되는 사회에서 이런 대형 사고가 벌어졌다면 먼저 전국의 학교에 학생들의 분향소가 만들어졌을 것이다. 가장 먼저 직접적인 이해 당사자라 할 수 있는 학생들이 들고 일어나야 되는 사건이기 때문이다. 학생들의 결사가 기본만 되는 수준이라 하더라도 학교에 분향소가 만들어져야 한다. 학생들이 여기에 모여 애도하고 토론하고 분노하고 집회를 하고 거리행진을 해야 하는 것이다. 이것이 시민들의 참여로 만들어지는 근대 국가이고 근대 사회다.

교사들도 마찬가지다. 교사들도 얼마나 공포스러웠겠는가. 세월호 사건 이후 완전히 무기력과 공포에 빠져 있는 집단 중의 하나가 교사였을 것이다. 교사들은 자동으로 시뮬레이션 되지 않았겠는가. 내가 저 안에 있었다면? 앞으로 내게 이런 일이 벌어진다면? 사건 당시 교사들은 학생들의 죽음을 애도하는 수준을 넘어 요구사항을 이야기해야 했다. 모여서 애도하고 슬퍼하고 토론하고 난 다음 '우리는 교사로서 이 사건에서 어떤 공포감을 느끼고 국가는 무엇을 해야 한다'는 요구를 걸고 행진을 할 수 있어야 했다. 사회가 활성화되었다면 말이다. 그런데 대신 어떤 일이 벌어졌는가.

국가는 전광석화처럼 신속하고 체계적으로 움직였다. 사건이 나고 얼마 지나지 않아 교육부는 전국 시도 교육청에 '학교/학생 안정화 방안'이란 공문을 내려보냈다. 학생들에게 온라인과 오프라인에서 유언비어 유포 확산을 금지시키라는 내용이었다. 2014년 4월 26일에는 추모행진을 하던 민주노총 간부가 폴리스라인을 밟았다는 이유로 연행되었다. 또한 자신의 SNS에 대통령의 행태를 비난하는 글을 올린 현직 교사가 징계 위기에 처하기도 했으며, 서울 마포구에서는 시민들이 내건 추모 현수막을 강제 철거하는 일도 발생했다.

존엄을 짓밟는 국가

우리는 만질 수 있는 국가의 '보호'가 아니라 국가가 '통제'를 넘어 억압과 존엄을 짓밟는 것에 지나지 않게 되었다는 것을 세월호와 이후의 사건들에서 '충격적'으로 경험했다. 그것을 극적으로 보여준 것이 2014년 세월호 사건 이후 5월 8일 어버이날 있었던 유가족들의 시위와 그 시위에 대한 공공기관과 국가의 대처였다.

KBS 보도국장이 세월호 사고에서 죽은 이들을 교통사고에 비교하며 모독했다는 것이 알려지고 나서 그동안 울분을 참지 못하던 유가족들이 행동에 나섰다. 안산의 합동분양소에서 자식들의 영정을 떼어내 그 사진을 들고 KBS로 올라왔다. 따뜻하게 꼭 끌어안아도 시원치 않은 자식의 차가운 영정을 가슴에 품은 부모의 심정은 어떠했을까? 이제는 제발 저세상에서라도 편히 쉬기를 바라는 자식을 다시 이 지긋지긋한 세상으로 불러들이는 그 마음의 어떠했을까? 지옥이었을 것이다.

그래도 그들은 행동하지 않을 수 없었다. 어떻게 자식의 죽음이 모독당하는 것을 보고만 있을 수 있단 말인가? 어처구니없이 죽은 것도 억울한데 그 죽음이 소위 사회 지도층 인사라는 사람들, 죽음의 진실을 알려야 하는 의무를 가진 언론인들에 의해 조롱당하고 모독되었을 때 가만 있을 수 있는 사람은 없다. 동양에서는 이것을 인륜이자 천륜이라 부르고, 서양에서는 신의 법, 친족의 법이라고 부른다. 이 도리를 다하기 위해 유가족들은 자식의 영정을 들고 참담하게 거리로 나와야만 했다. 살아 있는 자의 도리를 다하고 죽은 자녀들이 존엄을 지키기 위해서 말이다.

대신 유가족들은 그들의 존엄을 포기해야만 했다. 지붕 아래에서 조문 오는 사람을 만나고 그들과 슬픔을 나누는 것이 아니라 길거리로 나가 바닥에 앉았다. 나지막한 흐느낌과 서로를 격려하는 말이 아니라 죽은 이를 모독한 사람에게 고함을 지르고 절규해야 했다. 청와대로 가는 길에서 유가족들은 무릎을 꿇고 경찰에게 빌었다. 자신들은 지금 시위를 하는 것이 아니라 그저 만나서 억울함을 호소하고 그걸 풀어달라 말하고 싶은 것뿐이라며 땅바닥에 무릎을 꿇었다. 구조할 수도 있었던 이들을 단 한 명도 구조하지 못한 것만 아니라 그 죽은 이들 뒤에 남겨진 가족들의 존엄까지 이렇게 짓밟히고 모독되었다.

KBS와 청와대 앞에 모인 이들의 절규와 외침을 보는 사람들의 마음도 참담했다. 현장을 취재하던 한 기자는 사건 발생 후 한 번도 눈물을 흘리지 않았던 자기조차도 가족들이 영정을 하늘 높이 들었을 때 눈물이 핑 돌았다고 했다. 또 다른 기자 한 명은 자녀의 영정을 들고 있는 그 부모들의 고통을 대면할 용기가 없어서 사진을 찍을 때도 유가족의 앞쪽에서는 찍지 못했다고 전했다. 고통받는 타자의 얼굴을 대면하면서 비로소 인간이 윤리적인 존재가 된다고 하지만 그 고통과 슬픔이 사람이 감당할 수 없는 고통일 때 사람은 차라리 그 얼굴을 비낄 수밖에 없다. 그 고통을 대면하는 순간 윤리적인 존재가 되는 것이 아니라 아예 자기 자신이 무너지기 때문이다. 그날 그 길거리에서 죽은 이의 존엄을 지키고 싶었던 그 누구도 존엄하지 않았고 그 누구도 인간일 수 없었다.

이미 많은 사람들이 이야기한 것처럼 재난은 낱개로서의 개인과 체제가 아무런 매개 없이 정면으로 충돌할 때 발생한다. 그날 청와대로 올라가는 길은 그 누구에게도 매개되지 못한 유족들과 권력이 민낯으로 대면한 공간이었다. 이 공간에서 국가의 법과 친족의 법, 합리성과 윤리가 충돌했다. 국가의 법과 친족의 법, 합리성과 윤리가 충돌할 때 사람이 선택할 수 있는 것은 둘 중 하나일 뿐이다.

하나는 국가의 법을 따르고 윤리를 포기하는 것이다. 자기 자식의 죽음이 아무리 억울하다 하더라도 그것은 개별적인 사건이다. 몇몇 고상하신 분들이 말씀하신 것처럼 무슨 일이 생기면 바로 국가와 대통령을 문제 삼는 것은 '합리적'이지 않다. 문제를 해결하기 위해서는 절차와 방법이라는 것이 있다. 아무리 화가 나고 흥분했다 하더라도 이 절차를 밟아서 냉정하고 합리적으로 해결해야 한다. 개인적인 이해관계에 국가를 종속시키는 것이 아니라 국가의 법에 개인의 감정과 이해관계를 종속시켜야 한다. 그렇지 못한 것은 미개한 것이다. 애도를 정치화하지 말라고 말하는 사람들이 요구하는 것이 바로 이것이다. 그래서 이들은 늘 분별하고 싶어하고 구분 지을 것을 요구한다. '순수' 유가족과 그렇지 않은 유가족, '순수'한 애도와 '불온'한 애도로 말이다.

다른 하나는 죽은 이에 대한 산 자의 도리를 다하기 위해 국가의 법과 맞서는 것이다. 국가의 법은 강력한 철벽이다. 이 철벽을 향해 고함치고 절규한다고 해서 국가가 제대로 들어주지는 않는다. 오히려 그럴수록 국가의 법은 저 고상하신 분들처럼 '냉정해질 것'을 요구하고 절차에 따를 것을 요구한다. 아무리 절규해도 들어주지 않는 철옹성 같은 국가의 법 앞에서 죽은 이의 존엄을 지키려는 사람들은 미치지 않을 수 없다. 윤리를 따르기 위해 국가의 법에 맞서는 미친 사람이 되거나 범법자가 되는 것이다. 이렇게 유가족들을 구석으로 몰아넣게 되면, 그 다음에 유가족과 죽음을 모욕하는 것은 정당화된다. 누군가 말한 것처럼 조문을 갈 필요도 없어지는 것이다.

윤리와 합리성이 정반대 방향으로 내달릴 때 "언제나 패배한 것은 인간"[7]이었다. 앞서 말한 것처럼 윤리를 따르는 사람들은 미치거나 범법자가 되는 수밖에 없다. 반대로 국가의 법을 따르면 윤리를 저버린 인간이 되고, 그렇게 된 존재는 인간이 아니다. 반면 유가족들을 이렇게 잔인하게 몰아가는 존재들, 개인과 권력을 충돌시킨 다음 선택 같지도 않은 선택을 강요하는 '문명인'들은 여기서 꽃놀이패를 쥔 승리자들처럼 보인다. 어느 쪽을 선택하더라도 인간이 될 수 없는 패배의 길이기 때문이다. 이런 선택의 상황, 여기서 '악'이 작동한다.

신뢰는 방문 앞에서 멈춘다

인간을 패배시킨 것은 세월호 사건만이 아니다. 그 이후 한국 사회를 덮친 여러 사건들은 국가가 시민을 이간질시키고 서로를 발가벗기며 악마로 만들고 있다는 것을 확인하게 했다. 국가에 대한 불신은 시민들을 서로 무섭고 두려운 존재로 만들고 경계하게 한다. 믿을 수 없는 국가의 정보를 대신해 시민들끼리 서로 감시하고 통제하며 '위험한 사람'을 내치도록 만든다. 이렇게 내쳐진 삶이 바로 '발가벗겨진 삶'이다.

그 대표적인 예가 메르스 사태 때의 의료인들이다. 한 아파트에서는 메르스 환자를 치료하는 병원의 의사가 거주한다는 사실이 알려지자 엘리베이터에 "그쪽 종사자들은 엘리베이터를 이용하지 말고 계단으로 이동하라"는 공지가 붙었다고 한다. 또 한 초등학교 아이들 사이에서 메르스 환자가 있는 병원에서 근무하는 부모를 둔 학생들을 다른 학생들이 집단으로 놀리고 따돌리는 일도 벌어졌다. 이때 의료인들이 느꼈을 참혹함과 환멸감은 말할 필요가 없을 것이다. 시민과 시민이 서로를 경계하고 대적하게 될 때 패배하는 것은 언제나 인간이다.

시민 간의 신뢰가 무너졌을 때 사람은 서로에게 야차夜叉가 된다. 우리는 자신이 속한 친밀성의 공동체 너머의 사회 구성원들과 "무심한 신뢰 관계"[8]에 있다. 별 다른 일을 하지 않더라도 그들이 나를 해하지 않고 내가 그들에게 해가 되지 않는다고 믿을 때 우리는 친밀성 너머의 사람들에 대해 무심할 수 있다. 별 다른 일을 하지 않아도 별 일이 없을 거라고 믿는 것이다.

반면 아무것도 믿을 수 없게 된 세상에서 가장 위험한 사람은 내가 곳곳에서 마주치는 사람이다. 우리는 믿을 만한 정보를 찾아 인터넷을 뒤지지만 신뢰는 방문 앞에서 멈춘다. 방문을 나서는 순간 접촉 자체가 위험이 된다. 믿을 만한 것은 멀리 있는 시민이고 가까이 있는 시민은 위해 요소가 된다. 더 이상 무심할 수도 없고 신뢰할 수도 없다. 사람들은 신경이 날카로워지고 공격적으로 바뀐다. 사회 구성원 간의 '무심한 신뢰'는 '날 선 불신'으로 대체된다. 사회가 박살나는 것이다.

잔인한 순간은 이 다음에 온다. 국가권력이 이 문제에 적극적으로 대처한다는 것을 보여주고 불신을 만회하기 위해 위험을 일선과 아래로 전가해버린다. '격리'는 감염의 위험에 노출된 사람들을 '제거'하는 것이 아니다. 격리는 비감염인을 감염의 위험에 노출된 사람으로부터 보호하기 위한 조치지만, 동시에 이들을 '날 선' 비감염인으로부터 보호하기 위한 조치여야 한다. 그렇지 못할 경우 감염의 위험에 노출된 사람은 '날 것의 폭력'을 맞이하게 된다. 메르스 사태 때 감염인뿐만 아니라 의료인과 의료 노동자들은 메르스와 싸우는 일선에서 감염에 노출되고 다른 한편으로는 지역 사회에서 고립되는 위험에 처해 있었다.

위험을 아래로 전가하는 또 하나의 방식은 새로운 희생양을 만드는 것이다. 대표적인 예가 이미 입원해 있던 환자들에 대한 아무런 조치 없이 국립의료원을 메르스 전담병원으로 지정한 것이다. 이 과정에서 국립의료원에 입원해 있던 저소득층 환자 100여 명은 졸지에 다른 병원으로 옮겨가야 할 처지가 되었다.[9] 하지만 이미 메르스 공포가 확산될 대로 된 상태에서 이들을 받아주겠다고 선뜻 나설 병원은 없었다. 이 환자들은 갈 곳이 없어져버렸다. 가장 위험에 처해 있는 사람들에게 새로운 위험을 전가해버린 것이다.

『위험사회』의 저자 울리히 벡Ulrich Beck의 말처럼 빈곤은 위계적이지만 스모그는 "민주적"[10]이다. 그렇다고 이 위험이 결코 국민 모두에게 '균등'하게 배분되지는 않는다. 위험사회에서는 위험도 차등적으로 배분된다. 재난이 도래했을 때 얼마나 더 위험에 노출되는가가 위험사회의 계급을 결정한다. 또한 위험이 도래했을 때 그것을 회피할 수 있는 자원을 누가 더 많이 가지고 있고 동원할 수 있는가는 계층과 계급에 따라 달라진다.

'민주적'인 위험이 계급적으로 분배될 때 사람들은 각자 살기 위해서 다른 사람의 희생을 정당화하게 된다. 그렇게 다른 사람의 희생이 정당화될 때 최종적으로 패배하는 것은 '인간'이다. 타인의 희생은 불가피하고 부수적인 일이 된다. 그 누구도 다른 이의 목숨과 존엄을 '불가피'하고 '부수적'인 것으로 여길 권한은 없지만 그것이 '살기 위함'이라는 이름으로 정당화되는 것이다. 그리고 그 희생자가 사회의 아래와 바깥인 것은 명백하다.

생명을 담보로 한 생존

메르스는 우리에게 예기치 않은 전염병의 공습인 것만은 아니었다. 메르스 사태에서 우리는 아래로부터 삶이 사회와 동료 시민들로부터 바깥으로 내쳐지며 삶이 필연이 아니라 우연이 되고 그 우연이 필연인 삶을 확인했다.

안타깝게도 구의역에서 스크린도어를 고치다 달려오는 전동차에 치여 참변을 당한 한 젊은 노동자의 삶에서도 이는 다시 확인된다. 그는 홀로 스크린도어를 고치고 있었다. 이제 막 고등학교를 졸업한 노동자였다. 그의 숙련도를 고려할 때 '보호'받으며 노동을 했어야 함에도 불구하고 그런 조치는 전혀 없었다. 그는 외주업체에 근무한 지 7개월째에 참변을 당했다.

그의 죽음에서 바로 떠오른 것이 '현장실습'이다. 우리는 이미 현장실습생들의 숱한 죽음에 대해 들었다. '생존'을 위해 하는 이 '노동'이 생명에 대한 보호, 즉 안전에 취약한 경우가 종종 있다는 점은 문제이다. 아직 숙련되지 않았기 때문에 더 철저한 보호 조치가 필요함에도 그런 고려 없이 현장에 밀어넣는다. 사고가 나면 안전수칙을 제대로 지키지 않은 실습생의 탓으로 돌린다. 생존을 위해 하는 노동이 생명을 담보로 하는 위험한 일이 되기 십상인 것이다. 생명을 담보로 한 생존이라니 그 생존은 과연 생존인 것인가?

그러므로 이 '선택'은 생존과 굶어죽음 사이의 선택이 아니라 두 죽음 사이의 선택[11]일 뿐이다. 생명을 담보로 한 생존, 즉 언제나 죽음의 위험에 노출되어 있는 생존과 '굶어죽음'이라는 두 죽음만이 있을 뿐이다. 그 결과 이들은 제도의 보호를 받으며 '필연적'으로 살아 있는 것이 아니라 제도의 바깥에서, 더 정확하게 말하면 학생과 교육이라는 이름으로 가려진 노동 보호에 대한 제도가 모호한 공백 지대에서 '우연하게' 살아 있는 셈이다.

'필연적으로' 그는 '외주' 업체 직원이었다. 노동의 맨 밑바닥에서 가장 위험한 일을 수행하고 있지만 이들에 대한 법적 책임과 보호는 말 그대로 '모호'하다. 단지 그들의 '신분'이 비정규직 혹은 외주업체 직원인 탓에 그들은 노동하러 집 밖으로 나가는 순간 우연히 살아 있게 된다. 회사 갈 때 '돈 벌어와'가 아니라 '살아 돌아와'라고 인사해야 한다.(아, 생각난다. 아버지는 덤프트럭과 래미

콘 운전사였다. 아버지의 차 안에는 한 꼬마가 손을 모으고 기도하는 사진이 있었다. 그 사진에 적힌 글이 '오늘도 무사히!'였다. 우리는 대를 이어 '무사'를 빌어야 한다.)

삶이 우연이라는 것을 정면으로 들고 나온 사람들도 있었다. 여성들이다. 치안이 가장 안전하다는 한국에서 한 여성이 아무런 이유 없이 강남 한복판에서 죽음을 맞이했다. 이 죽음을 보며 많은 여성들은 자신들의 운명이 그녀와 그리 다르지 않음을 집단적으로 깨달았다. 집 밖에 나서는 순간, 혹은 집 안에 들어서는 순간 이들은 '우연히' 살아 있게 된다는 것을 말이다. 그렇기에 이 우연히 살아 있음에 대한 집단적 각성이 이들을 강남역 10번 출구로 모이게 했다. 일각에서는 '우연한' 사고에 과잉 대응한다고 말하지만 오히려 이들이 깨달은 '우연'은 그 사고가 아니라 자신들의 '집단적 운명'이다. 나는 이들의 구호가 가장 상징적이라고 생각한다.

우리는 삶의 도처에서 이 우연히 살아 있음을 목도하고 있다. 세월호에서부터 메르스, 그리고 가습기 살균제 사건에 이르기까지 하나하나 이 '계보'가 그려지고 있다. 이 국가/사회가 나를 지켜주지 않을 것이라는 공포와 그리 죽어간 사람들에 대한 슬픔. 그것이 무고한 죽음이 발생할 때마다 사람들의 숨을 턱턱 막히게 하는 게 아닐까. 그리고 이 불행한 사건이 언제 내 차례가 될지 모르며, 그 차례는 정확하게 약자들부터 시작된다는 것을 너무나도 잘 알게 하는 사건들이었다.

우리는 모두 자신이 그 바깥으로 내쳐지는 아래가 되지 않기 위해 필사적으로 노력하고 있다. 이것이 2부 3장에서 말할 각자도생의 사회이다. 이 각자도생의 국가는 사람들이 서로 결속하여 서로의 안전^{security}을 도모하게 하는 것이 아니라 각자의 안전^{safety}[12]을 위해 서로를 반목하게 하는 '불신'을 통해 통치하고 있다. 이런 사회에서 살아남는 것은 각자의 몫이며 국가의 역할은 '살게 하고 죽게 내버려 두는 것'이 아니라 '살게 내버려두고 죽게 내버려두는 것'이 되어버렸다.

2장
모욕을 선물하는 사회

2014년 겨울 백화점 주차장에서 아르바이트를 하던 한 청년이 스스로를 VIP라고 주장하는 '고갱님'에 의해 모욕을 당하는 사건이 있었다. 그 '고갱님'은 자신을 알아보지 못하고 '감히' 무례하게 굴었다고 '알바생'에게 무릎을 꿇을 것을 명했다. 그 노동자는 속절없이 시키는 대로 했다고 한다.

아르바이트 노동자가 '아니오'라고 말을 하지 못한 순간, 그가 부정당한 것은 인간의 '존엄성'이다. 무릎을 꿇었기 때문에 존엄을 부정당한 것이 아니다. 무릎을 꿇는 순간 그는 '아니오'라고 말할 수 없었다. 아니, '아니오'라고 말할 수 없었기 때문에 무릎을 꿇었다. 그의 존엄은 부정당했다. 부정할 수 있는 힘을 부정하는 것이야말로 존엄의 훼손이기 때문이다. 세월호 사건이 "가만히 있으라"는 메시지로 우리를 죽음으로 몰고 갔다면 이 아르바이트생의 이야기는 "조용히 하라"는 말로 우리의 존엄을 앗아갔다. 그런 점에서 이 사건은 상징적이다. 존엄을 꿈꾸던 시대, 모두가 존엄할 수 있다고 믿던 시대의 죽음이 그 안에 응축되어 있다.

이 아르바이트생은 '아니오'라고 말할 수 없었다. 누군가는 왜 그렇게 말할 용기가 없냐고 질타했지만 그 '용기'의 대가가 무엇인지 우리는 안다. 죽음이다. '아니오'라고 말하는 순간, 그는 일자리를 잃는다. 조직은 아마도 처음에는 그를 보호하는 척할 것이다. 그러나 시간이 흐르고 세상의 관심이 사라지면, 그리고 무엇보다 그와의 계약 관계가 끝나면 그는 가차 없이 잘릴 가능성이 높다. 조직은 그를 보호하기보다는 그로부터 조직을 보호하려 할 것이기 때문이다.

그럼 과연 "예"라고 말하면 생존할 수 있는가? 아니다. 소비될 뿐이다. 우리는 이렇게 세상을 긍정하다 소비되는 한 사람을 드라마에서 만났다. 「미생」의 주인공 장그래다. 그는 살아남기 위해서 자기를 부정하는 조직으로부터 인정받기 위해 갖은 노력을 다한다. 며칠 만에 사전 하나를 다 외우는 등 최선을 다한다. 아무리 말이 안 되는 일이라 하더라도 일단 되게 하는 것이 그의 역할이다.

그래야 살아남을 수 있다. 「미생」에서 장그래는 그의 이름처럼 언제나 '할 수 있다'를 외치며 실제로 그 모든 한계를 극복하고 해낸다. 그런 장그래를 회사는 치켜세우고 잘하고 있다고 긍정한다. 바로 저렇게 일해야 한다고 말한다. 그런 장그래를 보며 모처럼 상사맨의 기개를 보았다고 긍정한다. 긍정에 한껏 고무된 장그래는 과장에게 묻는다. 지금처럼 하면 자기도 정규직이 될 수 있냐고. 그 질문에 과장은 답한다. 안 될 거라고, 너의 운명은 부정당하는 것이라고.

태초에 '아니오'가 있었다

오늘날 한국 사회는 선물을 주고받으며 서로의 유대감을 형성하는, 신뢰의 연결망으로서의 '사회'가 아니다. 오히려 늘 누군가에게 모욕을 당하고 살면서 반드시 누군가에게 돌려줄 기회만을 바라는 원한의 피라미드다. 그래서 남에게 모욕을 가할 기회가 있으면 놓치지 않으려고 한다. 나랑 상관없는 사람이라도 관계없다. 적당한 대의명분은 붙이기 나름이다. 도덕의 이름으로 가장 반윤리적인 일이 벌어지지만 이것은 모두 내가 상처받았고 그걸 돌려줘야 한다는 이유로 정당화된다. 이건 사회가 아니다. 아니 사회기는 하지만 반-사회로서의 사회다.

이 모욕의 고리를 끊는 것은 주는 것을 받지 않는 것이다. '아니오'라고 말하는 것이다. 그러한 예는 불교의 경전에서 찾아볼 수 있다. 불교 초기 경전인 『빠알리경전』에 나오는 이야기다. 부처가 죽림정사에 계실 때 브라만인 악꼬사까가 자기 가문의 한 브라만이 부처에게 출가했다는 이야기를 듣고 부처를 찾아와서 거친 욕설을 퍼부었다. 그 욕을 듣고 부처는 악꼬사까에게 당신의 집에 친구나 동료들이 방문하러 오는지를 물었다. 그가 그렇다고 하자 부처는 그들에게 다과나 음식을 대접하는지를 물었다. 어떤 때는 대접한다고 하자 만일 그들이 그 음식을 받지 않는다면 그 음식은 누구의 것이냐고 또 물었다. 그가 자기가 대접한 이들이 음식을 받지 않으면 그것은 자기의 것이라고 대답하자 부처는 악꼬사까에게 당신이 준 욕을 내가 받지 않았으니 그 욕은 모두 당신의 것이라고 답했다.

그러나 모욕의 사슬이 된 사회에서 생존하기 위해서는 '아니오' 대신 '예'라고 말해야 한다. '아니오'는 세상을 부정하고 세상과 불화하는 언어가 아닌 자신을 부정하고 자신과 불화하는 대답이어야 한다. 손님의 진상 짓이 아니라 그것을 참지 못한 자신을 부정해야 한다. 그 진상 짓조차 참을 수 있을 때 서비스 산업에서 일하고 성공할 수 있는 자격 조건이 생기기 때문이다. '아니오'가 사라지면서 같이 사라진 것이 근대적 주체의 존엄이다.

존 홀러웨이John Holloway는 『크랙 캐피털리즘』에서 태초에 '아니오'가 있었으며, 모든 것이 가능하지 않은 것처럼 보이는 빙판에 균열을 가하는 것이 '아니오'라고 말한다. 그는 "애초의 '아니오'

는 그러므로 폐쇄가 아니라 다른 활동으로의 열림이며 다른 논리와 다른 언어를 가진 대항-세계로의 문지방"이라고 말한다. '아니오'라고 말하는 순간부터 비로소 우리는 문지방을 넘어 문 밖으로든, 문 안으로든 넘어갈 수 있다. '아니오'라고 말하지 않으면서 다음으로 넘어가는 것은 존재하지 않는다. 그러므로 '아니오'는 말이 아니다. 그것은 소리이고 행동이다. 말에 앞서는 소리이며, 소리를 만들어내는 행동이다[1].

그러므로 "태초에 말씀이 계시니라"라는 성경 구절은 틀렸다. 태초에 있었던 것은 소리다. '아니오'라는 소리 말이다. 그 소리는 아직 대안일 필요도 없고 논리적일 필요도 없다. 일단 소리를 내는 것이 중요하다. 아닌 것에 대해 아니라고 말하는 것, 나를 침묵시키려고 하는 것에 대해 그럴 수 없다고 외치는 것. 그 이유는 내가 소리를 낸 이상, 당신과 내가 마주 앉아 따져보며 찾아야 하는 것이지 내가 설명해야 하는 것이 아니다. 태초에 신이 들은 것은 '아니오'라는 절규였고, 그 소리에 신이 화답하면서 비로소 천지창조가 시작되었다.

이 '아니오'와 함께 태어난 것이 '존엄성'이다. '아니오'라고 말하는 순간 얼음이 깨어지고 그 깨어진 틈을 통해 "거품을 일으키며 새어나오는 저 검은 액체", 그것이 존엄성이다. 존엄은 "'아니오'의 권력의 전개"이며, 그 이후의 시간이 다시 굴욕으로, 지배로 넘어간다고 해서 이 '아니오'를 부정할 수는 없다. 그럼에도 우리는 '아니오'라고 말하는 것이고 말해야 한다. 따라서 '아니오'의 존엄이 "긍정적 개념으로 바뀌지 않도록" 조심해야 한다. 존엄은 "파열, 부정, 이동, 탐구"지 결코 고정되어 있는 어떤 것이 아니다.[2]

'아니오'가 긍정적 개념으로 바뀐다는 말은 무슨 뜻인가. 그것은 '아니오'의 이중적인 운명에서 찾아야 한다. 첫 번째로 '아니오'는 결국은 '예'에 포획된다. 지금은 '아니오'라고 말하는 것이 저항이지만, 그 '아니오'는 곧 사회에 포섭되어 '예'가 되어버린다. 변증법에서는 부정의 부정이 긍정이라고 하지만 무엇을 부정하는가를 잘 살펴볼 필요가 있다. 부정의 부정에서 부정되는 것은 부정의 부정성이다. 부정의 부정성이 부정되면 그 부정은 곧 긍정적인 것으로 체계에 통합된다. 부정의 부정성이 부정되는 한에서 그 부정은 부정이 아닌 것이 되기 때문이다. 결국 '아니오'의 운명은 부정의 부정성을 부정당하고 긍정으로 포섭된다는 데 있다.

그러나 이렇게 '아니오'가 '예'로 귀결된다고 해서 '아니오'라고 말하는 것을 그만둘 수는 없다. '아니오'의 비관적 운명 때문에 '아니오'라고 말하지 않는 것은 삶을, 존엄을 포기하는 것이다. 이런 점에서 마르크스가 공산주의는 미래의 어떤 상태가 아니라 현실을 지양하는 운동이라고 말한 것은 바로 '아니오'에 대한 이야기가 된다. 존엄은 미래에 도달해야 하는 어떤 상태, 혹은 지금 누려야 하는 어떤 권리를 말하는 것이 아니라 '아니오'라고 말하는 것을 통해 현실을 지양해나가는 운동을 말한다.

"진짜 선생님 아니잖아요"

돈이 있는 한 누군가를 모욕할 수 있게 되면서 한국 사회는 거대한 모욕의 피라미드가 되었다. 나는 누군가로부터 모욕을 받고, 다시 누군가에게 모욕을 돌려준다. 내가 노동자거나 '아랫사람'인 한에서 나는 모욕을 감수해야 한다. 그러나 그 공간에서 벗어나 다른 공간에서 소비자거나 윗사람이 되는 순간, 나는 마음대로 누군가를 모욕할 수 있다. 한국은 그렇게 서로에게 모욕을 가할 수 있는 거대한 피라미드를 이루고 있다.

이 모욕의 피라미드를 움직이는 것은 무엇보다 노동의 위계화다. 우리는 도처에서 앞서 말한 아르바이트 노동자와 같이 '아니오'라고 말할 수 없는 사람들을 만난다. 학교에도 있다. 기간제 교사다. 기간제 교사 중에서도 '국영수' 같은 주요 과목이 아니거나, 여성이거나, 가르치는 방식이 학생들의 마음에 딱 들지 않으면 그들은 손쉽게 권력에서 배제된다. 평소에는 다른 교사와 다르지 않지만 수틀리는 일이 벌어지면 그들의 위치는 바로 노출된다. "진짜 선생님 아니잖아요"[3]라는 말이 의미하는 건 바로 이것이다.

기간제 교사의 위치는 '정상' 상태가 아닌 '예외' 상태에서 드러난다. 그들은 학교 안에서 일종의 불가촉천민이다. 손을 대면 오염된다는 의미가 아니라 그들의 위치가 권력의 '아래'가 아닌 '바깥'이라는 의미에서 불가촉천민이다. 그들은 학교라는 제도 '안'에 존재하는 사람이 아니라 '경계'에 존재하는 사람들이며, 비상사태가 벌어지면 그들은 곧바로 제도 바깥으로 내쳐지면서 학교라는 제도와 상관없는 사람들이 된다.

국가의 뒤를 이어 기간제 교사에게 폭력을 휘두르는 건 학교다. 기간제 교사의 '생명'은 전적으로 학교에 달렸다. 학교가 기간제 교사와의 계약을 연장하지 않으면 그걸로 끝이다. '문제'라고 생각되는 일이 생기면 제도 안에서 해결하는 게 아니라 그 존재를 제도 바깥으로 내치는 것으로 간단하게 해결할 수 있다. 이것이 권력의 아래가 아닌 바깥에 위치하는 '불가촉천민'의 운명이다. 이들은 교육이라는 이름으로 숭고하게 희생되어야 하지만 동시에 '문제'가 생기면 그들 자신이 '처벌'받아야 하는 존재가 된다.

그리고 그 뒤를 잇는 것이 학생들의 폭력이다. 기간제 교사들 역시 자신들이 제도의 바깥이라는 걸 잘 알고 있다. 그래서 그들은 교장이나 교사, 혹은 학생들로부터 아무리 인권침해를 당하더라도 항의하거나 신고하지 않는다. 문제가 벌어지면 그 문제의 장치인 국가와 학교가 마치 문제를 해결할 것처럼 등장하여 자신을 '최종처리'한다는 것을 잘 알고 있기 때문이다. 이처럼 기간제 교사는 학교 현장에서 언제든 완전히 발가벗겨질 수 있는 존재다. 학교는 학생에 의해서건 교사에 의해서건 그들을 발가벗기는 폭력을 다시 그들을 학교에서 내치는, 즉 다시 발가벗기는 것으로 해결하려 할 것이다.

이 발가벗겨진 존재들은 결코 명예로울 수 없다. 인간의 삶에서 명예[4]는 목숨만큼이나 소중하다. 인간의 사회적 생명에서 핵심을 차지하는 것이 명예였고 귀족들에게 이 명예는 생물학적 생명보다 더 소중한 것이었다. 그렇기에 명예는 모든 인간이 평등하게 누리는 것이 아니었다. 하위계급에게도 명예는 배분되어 있었지만 명예는 철저하게 위계적이었다. 특히 전쟁과 같은 '공무'를 수행함으로써 정치공동체에 '봉사'하여 명예를 소유하는 것은 귀족과 같은 지배계급의 특권[5]이었다.

명예가 '공무'와 관련된 것이며 삶보다는 죽음으로 지켜지고 기억되는 것이라면 최근에 있었던 이 죽음의 '원형'은 단연 세월호에서 순직한 비정규직 교사들일 것이다. 그들은 자신의 목숨이 아니라 공적인 임무를 우선시했다. 자신이 생명이 아니라 그들이 공적으로 맡아 책임졌던 학생들을 돌보다 순직했다. 시민으로서도, 교사로서도 그들의 죽음은 명예로워야만 하는 죽음이다.

그런데 그들의 죽음은 여전히 공적인 죽음이 아니다. 교육부와 인사혁신처는 현행법상 세월호에서 순직한 두 비정규직 교사의 죽음을 순직공무원으로 인정할 수 없다고 말했다. 유가족들이 보상은 필요 없고 순직 인정만 해달라고 했지만 불가하다고 통보했다. 한마디로 말해 그들의 '신분'이 비정규직이라서 그들을 '순직공무원'으로 볼 수 없다는 것이다. 앞에서 말한 것처럼 명예가 자신이 속한 정치공동체에 '봉사'하는 특권을 통해 부여받는 것이라면 이들의 존재는 봉사를 해도 봉사로 인정받을 수 없는 신분이다. 당연히 이들에게 부여될 명예는 없다.

명예가 법적으로 시민들에게 차등 배분된다는 것, 나는 이것이 경제적 부의 불평등이 심화되고 세습되는 현상만큼이나 한국 사회가 새로운 형태의 '신분제' 사회가 되어가고 있는 징표라고 생각한다. 신분이 경제적 부보다는 명예와 관련된 것이라는 점에서 그렇다. 명백히 공적인 죽음이었음에도 명예를 한 톨도 배분받지 못한 사람이 있다. 공무를 수행하다 죽었으되, 공적으로 추모되지는 못하는 존재, 이들이 '호모 사케르', 즉 사회적 생명이라는 명예로부터 완전히 발가벗겨진 존재가 아니라면 누구겠는가?

'진상질'의 연쇄고리

소비자본주의는 모욕의 피라미드의 근본 원인이다. 우리는 어디에서는 노동자지만 다른 어디에서는 소비자다. 노동자로서 받은 모욕을 대신 돌려줄 수 있는 유일한 출구가 시장에서의 '소비자'다. 소비자는 왕이기에 당연히 존중받아야 한다고 생각한다. 학교나 직장, 국가에서 받지 못한 존중을 오로지 소비자로서 누리려고 한다. 다른 모든 사회적 장에서는 '쿨'해지거나 비굴해지고 오직 시장에서 소비자로서 목소리를 높이며 존중을 보상받으려고 한다.

당연히 그것은 자신이 만나는 노동자의 존엄을 짓밟는 방식으로만 가능하다.

한 아파트 단지에서 일어난 일이다. 한 입주민이 아파트 경비 노동자를 모욕하는 사건이 벌어졌다. 그는 쓰레기 처리를 제대로 하지 않는다는 이유로 게시판에 불만을 제기하며 입주민을 위한 아파트 단지인지 아니면 경비원을 위한 아파트 단지인지 따졌다. 다른 입주민들이 그의 말이 너무 심하다며 경비원 역시 우리 아파트 단지의 구성원이 아니겠냐고 말했다.

이에 대해 또 다른 입주민은 '감성팔이' 하지 말라며 경비원은 입주민을 모셔야 한다고 말했다. 많은 사람들이 경비원이 종이냐면서 무슨 시대착오적인 소리냐고 거세게 비난했다. 그러자 그 입주민은 자신이 다른 아파트 단지의 경비 노동자임을 밝혔다. 나는 노동의 현장에서는 일상적으로 입주민으로부터 모욕당하는데 왜 내가 입주민인 공간에서는 그렇게 할 수 없냐고 되물었다. 그가 자신이 경비 노동자임을 드러낸 순간부터 아파트 입주민 게시판은 일제히 조용해졌다. 아무도 그의 말에 대해 이의를 달지 않았다. 이 아파트 단지에서 일어난 일처럼 모욕의 연쇄고리는 노동자와 소비자의 고리를 타고 끊임없이 일어난다.

이 모욕의 피라미드는 사람을 나이, 성별, 장애 등에 따라 상투적으로 판단하고 대하는 것으로 작동한다. 한국은 나이에 따른 서열화가 매우 심하다. '나이'는 누군가를 모욕할 수 있는 자격증처럼 사용된다. 나보다 나이가 많은 사람에게 그 사람의 잘못에 대해 항의하는 상황에서 나이는 그 항의, 즉 '아니오'를 일거에 묵살할 수 있는 '까방권'이 된다. 나이도 어린 놈이 어디 버르장머리 없이 대드냐는 말 한마디면 자신의 모든 잘못을 한 방에 무마할 수 있다. 나이든 사람에게 잘잘못을 따지는 자체가 비윤리적이고 반도덕적인 일로 비춰진다.

심지어 나이주의는 가장 패륜적인 말조차도 나이라는 이름으로 허용한다. 대표적인 것이 "애비 에미도 없냐?"는 말이다. 천륜과 인륜에서 가장 앞서는 것이 부모에 대한 자식의 윤리지만 나이주의를 앞세운 사람들이 가장 모욕하는 것이 '애비 에미'를 운운하는 부모에 대한 모욕이다. 천륜을 생각하는 자식이라면 그 어떤 경우라도 부모에 대한 모욕을 참아서는 안 된다. 황제라고 하더라도 부모를 모욕하도록 내버려둬서는 안 되는 것이 천륜이다. 그러나 나이를 앞세워 이런 천륜에 반해 부모를 모욕하는 일이 비일비재하게 일어난다. 부모의 명예를 지키기 위해 이런 모욕에 반항이라도 하려면 반도덕적인 인간이 되는 것을 감수해야 한다.

남성중심주의는 또 어떤가? 김정연 작가의 「혼자를 기르는 법」이라는 웹툰[6]에서 의미심장한 장면을 봤다. 주인공인 여성이 어떤 계기로 외국인과 사귀게 되었다. 그 남성 외국인과 함께 있는데 지하철에서 다른 남성들이 이 여성에게 시비를 걸며 지나간다. 외국인 사귀면 좋냐면서 말이다. 나 역시 외국인 남성을 사귀는 여성에 대해 입에 담지 못할 온갖 모욕적인 언사를 늘어놓는 사람들을 많이 봤다. 그들은 그 여성들을 성적으로 폄훼하기에 혈안이 되어 있었다. 웹툰의 댓글에도 이에 대한 여성들의 분노가 표출되어 있다. 남자가 외국인 여성을 사귀면 '능력'으로 치부하면서, 여성이 외국인 남성을 사귀면 모욕하지 못해 안달이라는 것이다.

이렇게 대놓고 무시하는 것 외에도 '배려'라는 이름으로 무시하고 모욕하기도 한다. 대표적인 것이 '여성이라서' 혹은 '장애인이라서'라고 말하면서 그 사람에게 물어보지도 않고 '배려'하는 것이다. 예를 들면 '넌 여자니까 당연히 운전을 못할 거야'라며 배려하는 건 배려가 아니라 무시다. 그건 운전을 하고 있는 '나'를 보는 것이 아니라 자신의 상투적 편견에 기대 사람을 판단하는 것이기에 그렇다. 그 사람은 배려한다고 말하지만 무시하는 것이고 상대는 모욕감을 느끼게 된다.

몇 년 전에 제주에서 열린 인권 관련 회의에 참석했을 때도 그랬다. 제주에 처음 취항하는 항공사인지라 장애인 활동가가 탑승을 하게 되자 항공사에 비상이 걸렸다. 직원들이 분주히 움직이며 불편함이 없도록 하기 위해 문자 그대로 최선을 다했다. 하지만 그 순간순간마다 그 직원들은 장애인 활동가에게 직접 묻지 않고 그 옆에 있던 다른 비장애인 활동가에게 계속 물었다고 한다. 그들의 배려는 본의와 상관없이 그 장애인 활동가를 '유령'으로 만들며 무시한 것이다.

우리의 가장 큰 비극

모욕과 무시가 만연하다보니 우리는 서로를 존중하는 법을 잊어버렸다. 그렇다면 무시하지 않고 상대를 배려하기 위해서는 어떻게 해야 할 것인가? 차라리 '아무것도 하지 않으면 된다'는 게 결론이다. 상대를 무시하지 않고 모욕하지 않는 가장 좋은 방법은 '차이'를 인정한다는 이름으로 '쿨'하게 관심을 꺼버리는 것이다. 제국의 통치술로서의 '관용'이다.[7] 가급적 서로 건드리지 않고 무관심해질수록 덜 무시하게 된다. 무시에 시달린 사람들로서는 이게 최선의 선택이다. 앞서도 언급했듯이 존중의 경험이 없는 사회에서 아무것도 안 하는 '무관심'과 '무기력'은 생존 전략이자 윤리적 선택이다.

이처럼 이 사회가 '기껏' 존중이라고 생각했던 것은 그저 무시하지 않는 것에 불과하다. '아무것도 안 함'이 아니라 '무엇인가를 함'이라는 능동적이고 적극적인 의미에서는 존중을 받아본 경험이 극히 희박하다. 존중을 받아본 적이 없으니 당연히 존중이 뭔지를 모르고, 그런 상황에서 사랑하는 이에게 상처를 덜 주기 위해서는 가급적 안 건드리는 걸로 넘어간다는 것이다. 그 결과 "편하긴 한데, 그럼 이게 존중인가?"라는 질문을 던지게 되었다.

왜 이렇게 되었을까? 돌이켜보면 우리는 살아오면서 끔찍할 정도로 존중받아본 적이 없다. 시민으로서 국가로부터 존중받아본 기억도, 학교에서 학생으로서 존중받아본 기억도, 직장에서 노동자로서의 존중받아본 기억도 별로 없다. 존중에 대한 '원체험'이 없다보니 무시를 당했을 때 자신의 존엄을 지키는 방식도 잘 모른다. 재수 없다고 생각하고 세상이 원래 그렇다고 체념하면서 분노할 뿐이다.

대신 그 스트레스를 풀 수 있는 유일한 출구가 앞서 말한 '소비자' 혹은 자신이 가진 조그마한 권력으로 온갖 방식을 동원해 위세를 부리는 '갑질'이다. 소비자는 왕이기에 당연히 존중받아야 한다고 생각한다. 학교나 직장, 국가에서 받지 못한 존중을 오로지 소비자로서 누리려고 한다. 다른 모든 사회적 장에서는 '쿨'해지거나 비굴해지고 오직 시장에서 소비자로서 목소리를 높이며 존중을 보상받으려고 한다. 당연히 그것은 자신이 만나는 노동자의 존엄을 짓밟는 방식으로만 가능하다. 이게 한국 사회의 가장 큰 비극이다.

모욕의 피라미드에서는 당연히 아래에 위치할수록 모욕의 하중이 크다. 특히 서비스 산업에서 비일비재하게 일어난다. 은숙이 당한 일이 대표적이다. 은숙은 신도시의 작은 참치횟집에서 아르바이트를 한 적이 있다. 그 가게에는 블랙리스트에 올라 있는 진상 부부 고객이 있었다. 하루는 그 부부가 가게에 와서는 은숙이 들으라는 듯이 서비스에 대한 불만을 토로했다고 한다. 한참을 이어진 모욕적인 불만이 끝나자 그들은 은숙에게 팁으로 1만 원짜리 한 장을 내놓았다.

그 순간이 은숙에게는 그 가게에서 일하며 당했던 어떤 팔시보다도 더 모욕적으로 느껴졌다고 했다. 은숙은 아르바이트 노동자였지만 자신이 하는 일에 자부심을 가지고 있었다. 새로 만들어진 신도시의 작은 가게였기 때문에 자신이 제공하는 서비스에 따라 가게의 흥망이 좌우될 수도 있는 만큼 서비스 만족을 위해 최선을 다해왔다고 자부했기 때문이다. 그런데 그 부부가 바로 은숙이 자부하던 그 서비스를 타박한 것이다.

은숙은 그 1만 원 팁을 거부했다. 은숙이 팁을 거부하자 그 부부가 화를 냈다. 자신의 경제력을 무시한다고 소리를 질러댔다고 한다. 은숙이 자신의 노동을 모욕했으면서 팁을 주는 이유를 묻자 그들은 "돈이 필요해서 일하는 거면 주는 돈을 그냥 받아"라고 했다. 은숙은 "나에게 팁은 서비스에 대한 만족과 감사의 의미이기 때문에 서비스에 만족하지 못한 손님이 주는 돈은 받지 않겠다"며 거부했다. 은숙은 그 '위자료'를 거부하는 것을 통해 자신의 존엄, 자기 노동의 존엄을 지키려 했다.

하지만 난처해진 것은 가게 주인 그리고 은숙과 친했던 실장이었다. 실장은 그 진상 고객으로부터 은숙을 보호하려고 하지 않았다. 은숙은 그 역시 어쩔 수 없었을 거라고 말했다. 아무리 진상이라고 하더라도 가게의 운명이 고객의 평가에 달려 있기 때문이다. 불리한 것은 은숙이었다. 실장이 명시적으로 뭐라고 하지 않더라도 은숙이 굴복할 수밖에 없었다. 은숙은 결국 그 진상들로부터 차비 명목으로 1만 원을 받았다. 그렇게 하지 않을 수 없었다.

그나마 은숙은 저항이라도 시도할 수 있었다. '아니오'라고 말할 수 있었다. 하지만 대부분의 경우 그게 불가능하다. 오히려 그런 진상 고객을 향해 끊임없이 '죄송하다'고 말해야 한다. 이런 숱한 이야기들이 우리 주변에 널려 있다. 은숙 역시 그것을 잘 안다. 바로 이 점에서 은숙은 자신이 그나마 그런 저항을 할 수 있었던 것은 그 노동이 '생존'을 위한 노동이 아니었기 때문이라고 했다. 자기가 아르바이트를 한 이유는 여행자금을 모으기 위해서였고 그것은 "생존의 문제보다 훨씬 덜 절박한 문제"였기 때문이라는 것이다.

나는 '예' 세상은 '아니오'

이처럼 '아니오'라고 말하며 '존엄'을 지키는 대가는 '생존'의 박탈이다. 이것이 우리가 살고 있는 세상이다. 존엄과 생존이 대립되는 세상 말이다. 존엄을 추구하는 자는 생존을 포기해야 한다. 죽기를 각오하지 않고서 자기의 존엄을 지키는 것은 거의 불가능하다. 대신 생존을 택했다면 끊임없는 굴욕을 감수해야 한다. 굴욕과 모욕은 생존의 대가가 되었다. 은숙이 경험한 것처럼 소비자들 역시 자신들이 내는 팁의 정체가 무엇인지를 잘 알고 있다. 내가 돈을 지불했기 때문에 상대는 모욕 역시 거부해서는 안 된다는 것 말이다. 그 모욕을 거부하는 순간 그들은 노동자의 생존을 거둘 수 있다. 살아남으려는 자, 모욕을 감수하라.

모욕을 선물하는 사회에서 우리는 부정성의 운명을 만난다. 부정성은 사라지지 않았다. 근대자본주의의 기획이란 주체가 끊임없이 사회/세상을 부정하도록 하는 데 있었다. 그 부정을 통해 사회는 늘 팽창할 수 있었다. 근대자본주의의 입장에서 가장 끔찍한 것은 사람들이 지분지족知分知足하는 것이다. 그 사회에 만족하고 그 이상을 꿈꾸거나 넘어서려 하지 않으면 자본주의는 팽창할 수 없다. 자본주의 자체가 잉여, 즉 초과를 먹고 자라는 체제가 아니던가? 그렇기에 근대자본주의는 자신에 대한 부정을 에너지로 삼아 성장한 체제라고 할 수 있다.

이런 점에서 사회를 부정하고 체제와 불화하는 존재는 한편으로는 위협이지만 다른 한편으로는 그 체제의 동력이다. 부정당한다는 점에서는 위협이지만 부정당하는 것을 통해서만 너머/초과를 생산할 수 있었기 때문이다. 따라서 세상과 불화하며 내면의 세계를 가진 바로 그 부정의 주체에 세계가 떠받들어진다. 이 둘은 모순이 아니라 정확하게 조화를 이루고 있다. 그렇기에 근대자본주의는 자기를 부정하는 사람을 끊임없이 생산해내야 했다. '세상을 부정하는 나'는 바로 그 세상의 산물이며 그 세상을 생산하는 사람인 셈이다.

그러나 생존이 지상명령이 된 긍정의 세상에서 부정하는 것은 이제 '나'가 아니라 세상이다. 내가 세상을 부정하는 것이 아니라 세상이 나를 부정한다. 나는 미친 듯이 '예'라고 말하고 세상은 '예'라고 말하는 나를 향해 '아니오'라고 말한다. 이처럼 아무리 내가 '예'라고 말하더라도 세상이 나를 부정하는 순간 나는 부정당한다. 나에게 긍정하라고 말한 그 세상이 나를 부정하는 것이다. 부정성은 사라진 것이 아니라 방향이 바뀐 것이다.

이를 아주 잘 보여주는 것이 오디션 프로그램이다. 오디션 프로그램에서 참가자들은 언제나 평가를 당한다. 평가란 잘한 부분에 대한 칭찬도 있지만 늘 모자란 부분에 대한 지적이다. 아직 준비가 덜 되었고, 무엇인가 결여된 부분에 대한 지적이다. 그 지적받은 부분을 부정하고 일어나야만 비로소 세상으로부터 긍정될 수 있다. 그렇기 때문에 그 지적을 받는 순간, 참가자는 언제나 부정당하고 있는 자신을 웃으며 긍정해야 한다. 자신을 부정하는 체제를 긍정해야 하는 것이다. 우리가 체제를 부정하는 게 아니라 체제가 우리를 부정한다. 아직 부족한 존재라고, 스스로를 부정해야 하는 존재라고 말이다.

근대는 부정의 부정, 두 번 부정을 통해 자신에 대한 긍정에 도달하도록 프로그램된 사회다. 그렇기에 '아니오'는 그저 부정이 아니라 자신에 대한 긍정에 도달하기 위한 방법이었다. 그러나 지금 우리는 무조건 긍정해야 한다. 그렇게 긍정에 긍정에 보태서 나아가야 한다. 그렇지 않으면 매사에 부정적이라고 비판받고 배척당

한다. 긍정은 『긍정의 배신』에서 말하는 것처럼 우리 시대의 신학이며 신앙이다.

그러나 긍정에 긍정을 보탠다고 긍정에 도달하는 것이 아니다. 앞서 말한 것처럼 긍정에 긍정을 보탤수록 남는 것은 '노오력'하며 자신을 소진하는 것밖에 없다. 이렇게 자신을 소진한 결과, 남는 것은 오디션 프로그램에서처럼 자신에 대한 '부정'이거나 혹은 세계 전체에 대한 참을 수 없는 '화'다. 이 세상과 이 역사 전체를 '쓰레기'라고 생각하고 리셋하고 싶을 정도로 나를 부정한 이 사회/역사를 부정하게 된다. 이런 점에서 부정성은 사라진 것이 아니라 절대적으로 부정적인 것이 되었다. 여기에 존엄이 들어설 자리는 없다.

3장

각자도생, 공도동망의 정치

　택시를 탔다. 앉자마자 택시기사가 정치 이야기를 시작했다. 가만히 있었더니 본격적으로 세월호 이야기를 했다. 해도 해도 너무하다며 유가족을 비난한다. 4억이니 8억이니, 그게 다 국민 세금이고 내 호주머니에서 나온 돈이라며 얼마나 더 받고 싶은 것이냐고 목소리를 높였다. 죽은 자식을 운운하며 차마 입에 담을 수 없는 극언을 이어갔다. 시위대는 다 '종북'이고 전문 시위꾼들이다. 어디서 들었냐고 물었더니 뉴스에도 나오고, SNS 단체방에 다 돌고 있단다. 너무 참담한 말이라 그만 하시라고 눈치를 줬지만 한참이나 혼자서 중얼거렸다.

　택시에서만 그런 것이 아니다. 식당에서도 인터넷에서도 온갖 잔인한 말들이 쏟아진다. 서로가 서로의 증오를 진정시키는 게 아니라 더 부추기고 극한까지 몰고간다. 아무리 세상이 엉망이라지만 자식 잃은 부모 앞에서 전혀 말을 가리지 않는 이 패륜은 도대체 어떻게 된 일일까? 자신의 잔인함을 가리고 정당화하려는 '위선'마저도 없어진 것 같다. 오히려 그런 태도를 비웃는다. 타인의 고통에서 희열을 느끼는, 정말 괴물이 된 것일까?

그러나 이 '증오'의 말들을 들여다보면 다른 무간지옥이 보인다. 극언을 쏟아내던 택시기사는 자기가 얼마나 뼈 빠지게 열심히 일하고 있는지를 말했다. 잠도 제대로 못 자고 가끔은 승객들의 무례함과 폭언, 폭력에 시달린다. 그렇게 일해도 한 달에 버는 돈은 100만 원이 겨우 넘는다. 입에 풀칠하기에도 급급한 돈이다. 끈질긴 것이 목숨이라 '생존'하기 위해 아등바등한다는 것이다. 그뿐만이 아니다. 대다수의 사람들이 살벌한 생존 경쟁에서 배제되지 않고 살아남고자 굴욕을 참으며 뼈 빠지게 일한다. 김홍중은 이런 마음의 체제를 "생존주의"[1]라고 불렀다.

이렇게 생존 경쟁에서 살아남기 위해 필사적인 사람들에게 4억이니 8억이니 하는 돈은 감정을 바꿔놓기에 충분한 액수다. 그저 '많은' 돈이 아니다. 이들에게 그 돈은 이 살벌한 '생존 경쟁'에서 탈출할 수 있는 돈이다. 지옥에서 벗어나 '예외적인 삶'을 추구할 수 있는 돈인 것이다. 그들은 이것을 '공정'하지 않다고 말한다. 오로지 자기 노력과 능력으로만 벗어나야 하는데 그렇지 않다는 것이다. 처음에는 잠시 자식 잃은 부모의 마음에 감정이입을 하지만 금세 태도가 싹 바뀐다. 앞의 것은 사적인 감정이지만 뒤의 것은 사회의 규칙에 대한 '공적인 문제'라고 생각한다.

진위는 중요하지 않다. 감정을 자극하고 증폭시키는 소문들이 '공적인 것'을 지킨다며 돌아다닌다. 그러면서 유가족과 세월호를 기억하고 싶은 사람들을 사적인 감정으로 공적인 규칙을 흩트리며 사사로운 이익을 추구하는 사람들로 만들어버렸다. 저 증오의 말들을 '과하지만' 공적인 것을 걱정하는 공공성의 언어로 도취시켰다. 그 결과 증오의 말을 내뱉는 사람들은 자신들의 말을 증오와 혐오가 아니라 '공익'을 지키기 위한 불가피한 말이라고 생각한다. 사람이 어떻게 그럴 수 있냐는 말은 씨알도 안 먹힌다.

여기서 유일하게 공정한 것은 '살벌함'뿐이다. 살벌하지 않은 것을 못 견딘다. 그건 공정하지 않은 것처럼 보이기 때문이다. 살벌함은 공정함의 다른 이름이다. 더구나 이 공정함이란 각자도생할 수 있는 극소수의 특권층과 그렇지 못한 절대다수의 사람들 사이의 '공정함'이 아니다. 결코 각자도생할 수 없는 절대다수의 사람들끼리 살아남으려고 벌이는 아귀다툼을 가리키는 말에 불과하다. 이 아귀다툼의 결과는 각자도생이 아니라 공도동망일 뿐이다.

각자도생에서 '각자'의 의미

각자도생의 사회에서 공정한 것은 개인의 노력과 능력이다. 개인이 자신의 노력과 능력을 통해 성취하는 것만이 정당화된다. 또한 그가 개인적인 노력을 통해서 성취한 것을 '사회'나 '연대'라는 이름으로 나눌 것을 요구하는 것은 정의롭지 못한 것으로 여겨진다. 각자의 노력으로 이룬 것을 사적으로 전유하는 것은 당연한 일이다. 여기서 각자의 노력을 신성시하는 것이 메리토크라시[meritocracy], 즉 능력주의이며 사적으로 전유하는 것이 성과주의가 된다.

흔히 능력주의는 개인이 각자의 노력으로 달성한 것을 바탕으로 경쟁하기 때문에 옳은 것이라고 여긴다. 봉건제 사회처럼 개인의 노력이 아닌 신분이나 편법에 의해 성과의 성패가 좌우되는 것보다는 훨씬 더 공정하고 정의롭다고 생각한다. 특히 한국처럼 개인의 노력과 능력보다는 지연이나 학연, 혈연이 크게 작용하는 사회에서는 더욱 그렇다.

그러나 각자도생의 사회에서 각자의 초점은 행위 주체의 단위가 개인[individual]이라는 데 찍혀 있지 않다. 대신 각자라는 행위 주체가 자원을 동원하는 방식이 사적인[private]이라는 것에 훨씬 더 큰 방점이 찍혀 있다. 게다가 한국의 경우에는 행위의 단위가 개인이기보다는 가족과 같은 집단인 경우가 더 많다. 그렇기에 이 사적인 자원은 결코 개인적인 것이 아니라 사적으로 동원되는 집단적인이라는 의미를 가지고 있다. 구분해 본다면 행위 단위에 초점을 맞추는 것과 자원 동원 방식에 따라 다음의 네 가지 경우가 있다.

개인적인 노력	집단적인/공동체적인 노력
사적인 노력	공적인 노력

개인적인 노력이란 말 그대로 순수하게 개인에게 귀속된 것을 활용하는 것을 말한다. 타고난 재능에서부터 개인의 노력까지를 의미한다. 한국은 오랫동안 순수하게 개인에게 귀속된 것에 의해 평가받고 성패가 결정되는 사회를 갈망해왔다. 이 개인적인 재능과 노력에 의한 성패의 신화적인 형태가 바로 전두환 정권 시절의 '학력고사'다. 학력고사는 다른 어떤 자원이나 자본이 성적에 개입하는 것을 막아왔다. 무엇보다 과외와 같은 사교육이 금지되었다. 시험문제 또한 오로지 개인의 재능과 노력에 따라 풀 수 있는 유형으로 출제되었다. 예를 들어 외국에서 살다 와서 외국어 영역에서 아무리 문화자본이 뛰어나다고 하더라도 한국의 학력고사 문제를 푸는 데는 큰 도움이 안 되었다. 학력고사 문제는 오로지 『성문종합영어』와 『실력정석』을 얼마나 달달 외웠는지에 따라 결정됐기

때문이다. 물론 이런 순수한 개인적인 노력이란 신화에 가깝다.

집단적인/공동체적인 노력을 가장 잘 보여주는 것은 2015년 말부터 2016년 초까지 선풍적인 인기를 끌었던 드라마 「응답하라 1988」에 나오는 쌍문동 골목이다. 첫 회에 이 골목의 특징이 잘 나온다. 음식을 해도 자기네 식구가 먹을 만큼만 하는 게 아니라 좀 더 넉넉하게 해서 옆집으로 보낸다. 그러면 받은 옆집은 거기에 좀 더 다른 것을 보태서 또 다른 집으로 보낸다. 주로 넉넉하게 사는 집(정환이 네)이 더 퍼주는 형태지만 그렇다고 가난한 집(덕선이 네)에서 보태는 게 없는 것도 아니다. 서로 조금씩 나누고 보태면서 '위기'를 극복해나간다. 이게 집단적이고 공동체적인 방식으로 문제를 대처하는 좋은 사례다.

사적인 노력이란 단위가 말 그대로 사적인 것을 의미한다. 집단적이고 공동체적인 쌍문동의 노력은 공동체적이지만 사적인 것에 가깝다. 대표적인 것이 한 가족(선우 네)이 친할머니의 배신으로 거리에 나앉게 생겼을 때의 일이다. 큰돈이 필요해 다른 집들이 도울 수 없을 정도가 될 때 뜻밖에 문제를 해결하는 방법이 나타난다. 선우 네가 예전에 도움을 주었던 사람(택이 아빠)이 해결사로 등장한다. 이런 사적인 연결망이 문제를 해결하는 데 큰 도움이 된다. 여기에서 사적인 해결이란 결코 개인적인 해결을 의미하지 않는다. 사적인 해결은 개인적일 수도 있고 집단적일 수도 있다. 한국의 학연이나 지연, 그리고 혈연은 공동체적이지만 동시에 사적인 해결이다.

마지막으로 공적인 노력이란 공동체적이기만 한 것이 아니라 그것이 사적인 연결망을 넘어 공공선이라는 가치에 대한 합의가 이루어지고 그 가치를 실현하기 위한 제도가 만들어지며, 그 제도를 통해 문제를 해결한다는 특징을 가진다. 공적인 것은 개인들이 사적으로 가진 것의 차이와 상관없이 그 공동체의 구성원이라면 누구나 누릴 수 있는 것이어야 하며 그 절차 역시 개인에 따라 달라지는 것이 아니라 공평무사한 절차여야 한다.

사라진 '우리'

여기서 우리는 삶의 문제를 바라보는 두 가지 다른 양식이 있다는 것을 알 수 있다. 하나는 공동의 노력^{together}을 통해 공통의 것^{the} ^{common}을 만들어가는 곳으로서의 세계다. 이 세계에서는 모든 노력이 공동의 노력이다. 이런 공동의 노력은 개인의 노력과 반하지 않는다. 개인은 노력하지 않아도 되고 모든 것을 공동체적으로 풀어야 한다는 말이 아니다. 모든 개인들의 노력이 다 연결되어 있으며, 서로 의지하고 있다는 말이다. 삶의 의존성을 강조하는 것이지 결코 공동체주의/집단주의를 말하는 게 아니다.

나에게 세상이 '공동의 노력'이라는 것을 가르쳐준 멋진 사례가 있다. 대학 청소 노동자들이 해고의 위기에서 파업했을 때 몇몇 학생들이 청소 노동자들과 연대하며 들고 나온 구호였다. 그들은 청소 노동자들이 해고되었을 때 얼마나 비참한 상태가 되는가를 강조하면서 동시에 대학생이라는 그들이 일상이 얼마나 이 청소 노동자들에 의존하며 이뤄졌는가를 강조했다. 즉 대학이라는 공통의 세계는 청소 노동자들과의 공동의 노력을 통해 만들어진 세계다. 다만 그때까지 청소 노동자들의 노력이 삭제되고 평가받지 못했을 뿐이다. 그렇기에 대학생들의 이 연대는 말 그대로 '공동의 노력'에서 삭제되었던 사람들의 삶과 노력을 다시 공적인 자리로 불러들이는 한 차원 높은 연대였다. 가난하고 힘 없는 이들을 위한 시혜적인 연대와는 달랐다는 말이다.

로버트 퍼트넘Robert D. Futnam이 쓴 『우리 아이들』이라는 책에는 이 공동의 노력이라는 것이 사회의 불평등을 조절하고 각자 개인에게 생애기회life chance를 주는 데 얼마나 소중한 것인가에 대한 이야기가 나온다. 미국이 지금처럼 계급과 계층에 의해 완전히 분할되기 전, 학교와 지역 사회에서 가난한 아이들은 자기가 가난하다는 것을 그리 느끼지 못했다고 한다. 공동체적인 지원이 그들 주변에 있었기 때문이다. 한 지역의 아이는 계층과 상관없이 "공동체에 대한 지원의 넓이와 깊이에 있어서 우리는 부유했다"라고 말한다. 공통의 것으로서의 지원망support network이 있었던 것이다.

이런 공동의 노력으로 만들어지는 것은 공통의 것이지 결코 사적으로 전유될 수 있는 것이 아니다. 그것이 내 노력과 능력의 산물이라고 주장할 수 없다는 말이다. 오히려 모든 것을 사적 소유로 분할하고 있는 사회에서 공동의 노력으로 만들어진 것이라는 걸 깨닫는 순간 그것을 사적으로 전유하는 사람들은 고마워하고 미안해하며 일부라도 그것을 어떻게 돌려줄 것인가를 고민하게 된다. 누구에게 귀속될 수 없는 것을 자신이 사적으로 귀속한 것이기 때문이다.

이에 반하는 것이 바로 각자도생 사회의 토대이자 귀결점인 개인의 노력으로 만든 성과를 사적으로 독점한다는 논리다. 이들은 사적으로 동원된 것을 개인의 능력이자 노력의 산물로 여긴다. 그렇기에 계급/계층에 따라 이미 차별적으로 분배되어 있는 문제에 대해서는 눈을 감는다. 그것조차 개인의 자원인 한에서 그 개인의 실력이라고 보는 것이다. 따라서 이 개인적인 것으로 보이는 것은 사실은 철저하게 사적으로 점유되는 공동체적인/집단적인 것이다. 이 집단/공동체들은 자신들이 소유하고 있는 특권을 절대 다른 사람들과 나누고 싶어하지 않는다. 그렇기에 각자도생의 사회에서 '각자'가 저항하는 것은 공동체적인/집단적인 것이 아니라 공적인 것이다.

이 '각자' 도생이 얼마나 집단적인 것인지를 잘 보여주는 것이 대치동의 '돼지엄마'라는 존재다. 이들은 자기 자식을 좋은 대학에 보내기 위해 자신들이 가진 자원만으로는 부족하다는 것을 잘 알고 있다. 그래서 자식을 중심으로 자원을 모아 문제를 해결해나가기 위한 사람들을 모은다. 물론 그 과정이나 원칙은 철저히 '돼지엄마'에게 맡겨져 있다. 다른 부모들은 이 클럽에 들어가야 대학입시와 관련된 고급정보를 얻을 수 있기 때문에 이 '돼지엄마'의 권력에 도전할 수 없다. 자식의 대학입시를 위한 공동의 공모 관계가 시작된다. 철저히 사적인 이익을 '공동의 노력'으로 추구하는 폐쇄적인 집단이 나타나는 것이다.

이런 공동의 노력으로 성취한 성과는 당연히 사적으로 전유된다. '돼지엄마'를 필두로 하여 그 클럽에 가입된 부모와 자식들의 노력과 실력으로 성취한 결과이기 때문에 정당하다는 것이다. 물론 이 정당함을 주장하면서 사적으로 동원될 수 있는 원초적 자원의 불평등함에 대해서는 입을 다문다. 오히려 이 원초적 차이를 조정하기 위해 취하는 적극적 조치를 약자들에 대한 특혜라고 주장한다. 사적으로 동원할 자원이 없는 사람에게 공적인 지원을 하는 것이 이들에게는 불공정해 보이는 것이다. 오로지 인간은 자기에게 주어진 사적인 자원에 의지해서만 살아야 한다. 그 사적인 자원의 불평등은 어쩔 수 없는 것이다. 그렇기에 이들에게는 '공통의 것'으로서의 '세계'는 없다.

이 능력주의 사회에서 실종된 것이 바로 공적인 노력이다. 앞에서 말한 개인/공동체/사적/공적인 것으로 몇 가지의 조합을 만들어보자. 우선 첫 번째로 사적인 것을 개인적으로 동원하는 노력은 장려된다. 두 번째로 사적인 것을 집단적으로 동원하는 노력도 정당화된다. 세 번째로 사적이며 공적인 노력은 애초에 불가능하다. 상호 모순적이기 때문이다. 그런데 가장 장려되어야 하는 것, 즉 개인적인 노력을 공적으로 지지해주는 것이 이 능력주의에서는 금지된다. 그것을 불공정한 특혜로 간주하기 때문이다. 개인적인 능력과 노력을 숭상한다면서 오히려 그것을 불가능하게 하는 것이 바로 능력주의와 성과주의의 조합인 셈이다.

능력주의라는 환상

능력주의에 관한 대표적인 사례는 장학금을 둘러싼 논쟁이다. 2015년 10월 고려대학교는 성적 장학금을 없애고 장학금을 가정 형편에 따라 지급하겠다고 발표했다. 2분위 이하의 학생들에게는 등록금의 100퍼센트를 지급하고, 기초수급자나 차상위 계층에게는 교내 근로와 연계해 생활비를 지원한다. 3분위 이상은 필요에 따라 신청하면 장학위원회의 심사를 거쳐 지급하겠다고 했다. 장학금을 성적이 아닌 가정 형편에 따라 지급한다는 고려대의 결정은 옳다. 장학금은 말 그대로 학문을 장려하기 위한 것이지 학문의 성과에 대한 '상금'이 아니기 때문이다.[2]

그러나 이 조치에 대해 반발하는 사람들은 장학금이 여전히 '성과'에 대한 보상이어야 한다고 생각한다. 학생들이 성적을 잘 받기 위해 개인적으로 노력한 것에 대한 보상이어야 공정하다는 것이다. 이 주장의 핵심을 보면 개인적인 것과 사적인 것의 차이가 얼마나 의도적으로 삭제되어 있는지를 알 수 있다. 단적으로 말해 요즘 같은 세상에 장학금을 받을 수 있을 정도로 공부를 잘하는 것은 개인적인 노력을 떠나 집에서 경제적으로 얼마나 도움을 줄 수 있느냐 하는 사적인 자원의 차이에 의해 결정되는 부분이 크기 때문이다.

대학 등록금은 더 이상 가난한 집에서 감당할 수 있는 수준이 아니다. 생활비 역시 과거와는 비교도 되지 않는다. 학생이 돈 들 일이 뭐가 있느냐는 말이야말로 세상 물정을 전혀 모르는 소리다. 숨만 쉬어도 돈이 드는 세상이다. 통신비와 교통비만 해도 10만 원이 훌쩍 넘는다. 과외비는 이전이나 지금이나 별반 차이가 없다. 사정이 이렇다 보니 어지간한 집 출신이 아니면 등록금과 생활비를 벌기 위해 아르바이트를 할 수밖에 없다. 대부분은 편의점이나 호프집 서빙 같은 '최저임금' 아르바이트를 한다. 절대적인 시간을 필요로 하는 노동이다. 다른 말로 하면 이 아르바이트를 하는 만큼 공부할 시간은 절대적으로 줄어든다.

반면 대학에서 학점을 잘 받기 위해 공부에 들여야 하는 시간은 상대적으로 더 늘었다. 과거처럼 도서관에 앉아 책을 파기만 한다고 학점을 잘 받을 수 있는 것도 아니다. 조별 활동이 부쩍 늘었다.

현지 조사나 참여 관찰 같은 것을 해야 하는 '수행적'인 강의들이다. 학점을 잘 받기 위해 들여야 하는 시간도 절대적으로 늘었다는 말이다. 실제로 아르바이트를 하는 많은 학생들이 공부와 관련해 시간적으로 여유로운 학생들과 비교해 열패감을 더 느낀다고 토로한다. '장학'이 안 되고 있는 것이다.

이런 점을 고려할 때 고려대의 결정은 원칙적인 '장학'의 근본으로 돌아갔다고 할 수 있다. 장학금이 개인의 성취에 대한 상금이 아니라 구조적인 불평등을 조정하며 각자 처한 조건과 상관없이 개인들의 공부를 장려한다는 의미에서 '장학'금의 본래 취지로 돌아간 좋은 시도이자 결정이다. 노동하지 않으면 학교를 다닐 수 없는 학생들에게 공부할 '시간'을 돌려준다는 점에서 더욱 그렇다. 개인이 스스로 훌륭해지기 위해 개인적으로 노력할 수 있는 시간을 돌려주는 공적인 보조가 바로 장학금인 것이다.

장학금의 사례에서 알 수 있는 것처럼 개인적인 노력과 공적인 보조/지원은 결코 충돌하는 것이 아니다. 오히려 개인적인 노력을 권장하기 위해 공적인 보조와 지원이야말로 필수적이라고 할 수 있다. 이런 점에서 '능력주의'란 그 이름과는 달리 개인이 훌륭해질 수 있도록 노력하는 것을 공적으로 지원하고 보조하는 것에 반대한다. 그들이 말하는 능력은 결코 다른 어떤 것을 배제한 순수하게 자신의 것으로서의 자질과 노력을 의미하지 않는다. 다시 강조하지만 개인적인 것이 아니라 개인이 사적으로 활용할 수 있는 모든 자원을 의미하며, 이 자원을 활용하는 것이 절대적으로 정당화되는 것이 이들의 말하는 '능력주의'다. 이 능력주의에서는 결코 모든 개인들이 훌륭해지기 위해 노력할 수 없으며 그것은 사적 자원을 가진 소수만이 가능해진다.

'능력주의+성과주의'는 개인의 이름으로 모든 것을 사적으로 전유하는 세상을 말한다. 이런 세상은 개개인들이 훌륭해지는 공공선, 즉 공통의 목표가 되는 세계를 파괴하며, 그런 세계를 만들기 위한 공적인 공동의 노력 또한 파괴한다. 단적으로 말해 공적인 것은 없으며 오로지 사적으로 자원을 점유하는 특수한 집단주의만 있을 뿐이다. 이런 점에서 중세의 신분제에 반한다는 '능력주의+성과주의'야말로 '포스트모던'한 신분제를 만들어내고 있다고 할 수 있다.

수치심과 죄책감 사이

신분제 사회에서는 신분의 벽을 넘는 보편적 연대의식이 존재하지 않는다. 보편적 연대의식은 서로가 평등한 존재라는 생각이 있어야 가능하다. 그리스도교의 특이한 점이 바로 신 앞에서의 평등이다. 신 앞에서 모든 인간은 죄인인 형제로서 평등하다. 그렇기에 그리스도교에서는 형제들 간의 연대가 가능[3]하다. 근대 사회에서는 이 평등함이 시민이라는 이름으로 등장했다. 시민들은 서로가 평등하기 때문에 연대의식을 가질 수 있었고, 그 연대의식에 기반해 보편적 연대체인 사회를 발명해낼 수 있었다.

그러나 신분제 사회에서 신분 간의 차이는 단지 권력의 서열만을 의미하지 않는다. 본질적으로 신분은 종족/인종주의적 성격을 띤다. 서로가 애초에 무관한 인종이었으며 다만 그것이 지배와 피지배의 관계로 위계화되었을 뿐이었다. 실제로 중세시대 귀족들은 자신들이 평민과는 무관한 '별개의 종족'에 속한다고 생각했다고 한다. 우월한 종족이기만 한 것이 아니라 별개의 종족이라는 것은 이 둘은 서로 섞일 필요가 없으며 다른 신분에 대해 책임질 필요도 없다는 것을 의미한다.[4]

막스 베버Max Weber 역시 신분과 인종주의의 친화성에 대해 언급하고 있다. 그는 "신분적 구조화가 일반적으로 이러한 귀결에까지 이르는 경우는 '종족적인' 것으로 보이는 차이가 신분적 구조화의 기반이 되는 곳"이라고 말한다. 다만 종족적 구분이 "상호 연결 없는 수평적 병존관"이라고 한다면, 카스트 제도 같은 신분적 구분은 "수직적 상하관계"를 만들어냈다는 것이다. 이런 점에서 본다면 신분은 수직적 관계지만 원칙적으로 서로 돌볼 필요가 없는 무관한 관계가 된다.[5]

근대 이전에 다른 신분의 비참함에 대해 책임지는 것은 신의 왕국에서 '죄인'이라는 평등함을 나누는 '형제'인 교회의 몫이었다.

푸코가 말한 것처럼 이 교회가 하던 일이 바로 '사목'이다. 잃어버린 한 마리 양을 구하기 위해 노력하는 것이 사목권력이며 이 사목권력이 '살게 하고 죽게 내버려두는' 근대 생명권력의 원형이 된다. 중세시대 교회가 관장하던 고아, 과부, 부랑자를 돌보는 일이 교회에서 국가로 이관된 것이다.

근대 사회가 되면서 이전에는 '바깥'이었던 존재들이 국가 내부로 포섭됐다. 그리고 그 국가 내부로 포섭되어 지배계급과 동일한 정체성을 가진 자들을 '국민' 내지는 '시민'이라고 불렀다. 이들은 국가라는 '하나의 공동체' 내에서 위계적으로 서열화되었다. 우월하기는 하지만 별개는 아닌 것이다. 안과 밖이라는 구분은 적어도 국가 내부의 국민/시민들 사이에서는 존재하지 않는다. 법적인 평등 속에서 사회적, 경제적으로 위와 아래로 서열화된 것이다.

여기에서 국가가 돌보지 말아야 할, 돌보지 않아도 될 생명은 단 하나도 없다. 적어도 그 생명이 국민이나 시민인 한에서는 국가와 국가를 지배하는 계급은 그 생명에 대해 책임을 져야 한다. 그는 '아래'에 있지만 나와 무관한 '바깥'의 존재는 아니기 때문이다. 따라서 안과 바깥이 아니라 위와 아래로 바뀐 위계 관계에서 '위'의 존재는 '아래'에 대해 책임을 져야 한다. 생명을 제대로 돌보지 못하는 것은 생명권력으로서의 국가, 그리고 그 국가를 통치하는 지배 엘리트들의 수치와 죄가 되는 것이다.

수치심과 죄책감에 대해서는 많은 인문사회과학자들이 그 감정이 인간됨과 어떤 연관이 있는지를 말해 왔다. 여기서의 수치심은 내가 할 수 있는 게 없다는 데서 오는 무기력한 수동적인 감정으로, 죄책감은 할 수 있는 데도 하지 못했다는 데서 오는 감정으로 이해[6]한다. 이것을 지배계급의 문제로 돌리면 지배계급의 수치심은 자신들이 공동체를 통치할 능력이 없다고 느낄 때의 감정이고, 죄책감은 할 수 있는 데도 외면했을 때 느끼는 감정이다.

이 관점에서 지배 엘리트들이 빈곤의 문제를 해결하지 못할 때 나타나는 세 가지 방식이 있다. 첫 번째는 자신들이 빈곤의 문제를 해결할 능력이 없다는 것에서 오는 수치심이다. 이들은 이 수치심을 느낄 때 가급적 빈곤의 문제를 은폐하려고 한다. 특히 외부인에게 빈곤의 문제를 들키는 것은 자신들의 무능을 보여주는 것일 뿐이다. 따라서 가급적 빈곤은 외부인의 눈에 띄지 않아야 한다. 올림픽이나 큰 국제적 행사가 있을 때 빈민촌을 철거하거나 가림막으로 가려버리는 것은 지배 엘리트들이 느끼는 '수치심'을 감추기 위한 방편이라고 할 수 있다. 자신들의 '능력 없음'을 감추려는 것이다.

프리드리히 엥겔스[Friedrich Engels]는 『영국 노동계급의 상황』에서 템스 강을 통해 영국 런던에 도착하는 사람들을 통해 이 부분을 잘 보여준다. 그는 "무리를 이루는 건물들 (…) 증기선 수백 척이 꼬리에 꼬리를 물고 쏜살같이 내달리는 강 (…) 무수히 많은 선박들 등, 이 모든 광경이 대단히 방대하고 대단히 인상적이어서 사람들은 정신을 차리지 못한 채, 영국 땅에 발을 들여놓기 전부터 영국의 위대함에 혀를 내두른다"[7]라고 말한다. 그러나 이 도시는 또한 빈민들에게 배정된 별도의 구역이 있으며 그 구역은 "행복한 계급들의 눈에 띄지 않는 그곳"이며 여기서 빈민들은 "간신히 생계를 꾸려"가고 있다.[8] 엥겔스는 특히 멘체스터를 가리키며 "큰길에서 노동계급을 체계적으로 차단하는 도시, 부르주아지의 눈과 신경에 거슬릴 만한 모든 것을 세심하게 감추는 도시"라며 이것을 "위선적인 설계"라고 말한다.[9]

두 번째는 죄책감을 느끼는 것이다. 죄책감은 할 수 있음에도 불구하고 해결하지 못하는 데서 느끼는 감정이다. 이 죄책감에 따를 경우 지배 엘리트들은 문제를 해결하기 위해 노력할 수 있다. 빈곤을 개인의 불운이 아니라 사회문제로 인식하며 개인들이 그 문제를 해결하기 위해 노력할 수 있도록 보조하고 지원하는 제도적 장치들을 마련하는 일이다. 이 문제를 특수한 문제가 아닌 보편적 문제로 인식하고 공동의 노력으로 공적으로 해결하려는 모습이다. 물론 죄책감은 이런 공적인 노력과는 전혀 다른 길을 걷게 할 수도 있다. 죄책감을 느끼게 하는 존재를 아예 절멸시켜버리는 것이다. 우리는 역사에서도 일상에서도 죄책감을 느끼게 하는 존재를 아예 치워버림으로써 아무 일도 없었던 것처럼 만들어버린 수많은 사례를 알고 있다.

세 번째는 수치심도 죄책감도 느끼지 않는 것이다. 빈민들은 그들이 다스리고 책임질 필요가 없다. 그들은 지배 엘리트들과 무관하기 때문이다. '능력주의+성과주의' 사회에서 자원을 독점한 지배 엘리트들이 이런 태도를 취하고 있다. 이들은 다른 이의 빈곤이나 실패를 목도했을 때 생명권력이라면 반드시 느껴야 하는 '수치심'과 '죄책감'을 전혀 느끼지 않는다. 가난한 이들의 빈곤과 실패는 지배 엘리트와는 무관하며 전적으로 그들의 노력과 능력 문제로 치환한다. 아무런 책임감을 느끼지 못하기 때문에 이들은 수치심도 죄책감도 느끼지 않는다. '바깥'에 대해서는 '안됐지만' 책임을 질 필요가 없기 때문이다.

이들 지배 엘리트는 나라 안의 모든 자원을 독점하고 있지만 그 보편적 형식으로서의 나라에 대해 전혀 책임을 느끼지 않는 사람들이다. 이들에게는 타자에 대한 책임감이란 없다. 오히려 이들이 타자들로부터 느끼는 감정은 위협이다. 따라서 이들은 가난한 이들을 감추려 하지 않는다. 대신 감춰져야 하는 것은 가난한 이들이 아니라 바로 자기 자신들이 된다. 자신들의 안전을 위해 가난한 이들로부터 자신을 보호해야 한다고 생각한다. 가난한 이가 아닌 이들이 성채도시 안으로 사라진다. 이와 관련하여 졸저 『단속사회』에서 빗장 건 사회gated society의 등장과 특징을 다룬 바 있다.

이런 점에서 이 뻔뻔스러운 자들은 스스로를 결코 보편으로 여기지도 않으며 보편이 될 생각도 하지 않는다. 이들은 자신들의 무리 바깥의 존재를 '자기들처럼' 계몽할 필요도 느끼지 못한다. 그들의 가치와 생활양식은 보편화될 수 있는 것이 아니라 자기들의 집단 안에서 계속 '특수한 것'으로 남아 있어야 한다. 따라서 '능력주의+성과주의'는 역설적으로 가장 무책임하고 뻔뻔한 형태의 신분제인 셈이다.

다시 안과 바깥으로

우리가 살아가는 이 시대는 위와 아래가 아니라 안과 바깥이라는 신분제적인 위계가 다시 등장했다. 이를 가장 실체적이고 상징적으로 보여주는 것이 바로 정규직과 비정규직이다. 정규직과 비정규직은 시민을 분할하여 통치하는 새로운, 그러나 아주 낯익은 신분제'적' 통치 방식이다. 노동력이 남아도는 시대에 사람을 안과 바깥으로 나누고, 바깥의 존재에게 안으로 들어올 수 있다는 것을 미끼로 아무런 보호 조치 없이 일회용품처럼 써먹다가 버릴 수 있기 때문이다. 그리고 그 죽음에 대해서 '안에 있는 존재'는 책임을 질 필요가 없다.

이런 점에서 구의역 '젊은' 노동자의 죽음에 우리가 주목해야 하는 것은 그가 철저히 바깥의 존재였다는 점이다. 그는 전문계 고등학교 출신이다. 즉 한국과 같은 학벌 사회에서 인문계가 아니기 때문에 그는 안이 아니라 '바깥'의 존재였다. 또한 그는 전문계 고등

학교를 다니면서 '실습 노동'을 했다. 실습 노동을 하는 동안 그는 학생이었기 때문에 노동의 바깥에 있었고, 노동을 했기 때문에 학생의 바깥에 있었다.

그리고 그는 노동자가 되었다. 지하철 공사의 정규직이 아니라 지하철 공사에서 스크린도어를 고치는 업무를 외주로 맡아하는 하청기업의 노동자였다. 지하철 공사의 바깥이다. 그 바깥에서도 그는 비정규직 노동자였기 때문에 바깥의 바깥이었다. 그렇기에 그를 책임질 '안'은 그 어디에도 없다. 모두가 그를 다 자기 소관이 아닌 '바깥'으로 여겼으며 그게 그의 '법적 지위'였다.

그의 삶 전체가 한국 사회에서 '바깥' 혹은 기껏해야 '주변'의 위치였음을 알 수 있다. 그런 그에게 '안'에 대한 약속은 강력한 유혹이었으며 그 어떤 위험도 감수할 수 있게 하는 동인이었을 것이다. 조금만 더 하면 정규직이 될 수 있고, 조금만 더 하면 지하철 공사의 정직원이 될 수 있다는 유혹은 그에게 그 어떤 위험도 기꺼이 질 수 있게 한다. 물론 그 위험은 그가 '기꺼이' 감수했다는 이유로, 실제 일어나면 고스란히 그의 잘못이 될 것이다.

이런 점에서 위와 아래가 아니라 안과 바깥으로 통치하는 한국의 자본주의는 조폭을 꼭 닮았다. 조폭들이 칼부림을 할 때 맨 앞에 세우는 사람은 칼솜씨가 좋은 놈도, 중간 보스도, 보스 자신도 아니다. 중학생이다. 그 조직의 가장 하부 아니 그 조직의 경계에 있는 존재다. 그는 조직의 '안'으로 들어가기 위해 목숨을 걸어야 하고 자신의 운명을 운에 맡겨야 한다. 일회용품이다. 이 일회용품을 통과해야 비로소 안으로 들어간다. 그 안으로 들어가기 위해 칼을 드는 것을 마다하지 않는다.

이것이 위와 아래가 아닌 안과 바깥으로 시민을 분할하여 통치하는 새로운 계급사회, 아니 신분제적 사회의 실체다. 안으로의 유혹을 통해 끊임없이 사람을 경계에 배치하고 그 경계를 갈아먹는 것으로 움직인다. 이 체제에서 주변부에 선 사람들의 운명은 앞에서 이야기한 것처럼 삶이 우연이며 이 우연한 삶이 필연이 된다. 그를 둘러싼 아무런 보호 장치도 없고 그의 죽음에 대해서 누구도 책임을 지지 않기 때문이다.

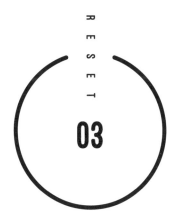

RESET

03

리셋
을/
넘어서

1장
다시 존엄과 안전에 대하여

질문이 있는 교실이 배움이 살아 있는 교실이라는 것은 가르치는 사람이라면 누구나 동의할 것이다. 그래서 우리는 수업이 끝날 무렵 학생들에게 늘 질문이 있냐고 물어본다. 이럴 때 질문을 하는 학생들은 대부분 정해져 있다. 공부를 잘하는 학생들이다. 가르치는 사람의 입장에서야 공부를 못하는 학생이 질문을 좀 더 활발하게 해주길 기대하지만 실상 질문을 하는 학생은 늘 공부를 잘하는 이들이다.

한국의 교실에서 질문을 하기 위해서는 반드시 하나는 알고 있어야 한다. 내가 하는 질문이 질문할 만한 가치가 있는지 없는지에 대한 판단이다. 만일 내가 하는 질문이 가치가 없거나, 혹은 가치가 있는지 없는지 판단이 서지 않으면 대부분 질문하지 않는다. 그러다보니 질문할 가치가 있다고 생각하는 질문만 하게 된다. 당연히 공부를 잘하는 학생들만 질문을 할 수밖에 없다.

이유는 간단하다. 잘못된 질문했을 경우 모욕을 당하기 때문이다. 교사에게 "너는 내가 말할 때 뭘 들었냐?" 하는 핀잔을 들을 수 있다. 다행히 가르침에 충실한 교사를 만나 교사의 핀잔을 피했다 하더라도 무시나 모욕은 끝나지 않는다. 또래집단으로부터 모욕을 당할 수 있기 때문이다. 질문을 하자마자 "에에에" 하는 야유를 당할 수도 있고, 수업이 끝나고 난 다음에 "넌 그것도 모르냐?"라는 말을 들을 수도 있다. 이런 경험이 초등학교에서부터 몇 번 쌓이다 보면 절대 질문을 하지 않게 된다. 모르는 것을 드러냈을 때 환대를 받는 게 아니라 모욕을 당하기만 하는데 누가 자신의 무지와 무능을 드러내려고 하겠는가? 자기를 '보호'하고 '배려'하기 위해서는 입을 다무는 게 낫다. 즉 가만히 있는 것이 가장 안전한 길이다.

이건 가르치는 입장에서도 마찬가지다. 가르치기 위해서는 뭔가 일을 도모해야 한다. 그러나 가르치기 위해 일을 도모할 때마다 우리는 위험을 감수해야 한다. 아무리 위험을 통제하려 한다 해도 완벽히 통제될 수는 없다. 예기치 못하게 사건은 일어나게 되어 있다. 따라서 돌발적인 사고가 발생했을 때 가르치기 위해 일을 도모한 사람이 보호될 수 있어야 가르치는 이가 가르치기 위해 용기를 낼 수 있다. 용기를 냈으나 자기가 보호되지 않는다면, 즉 안전하지 않다면 아무도 가르치는 일에 용기를 내지 않게 될 것이다.

나는 최근에 가까이 지내는 한 교사에게 가르치기 위해 용기를 냈다가 봉변을 당한 이야기를 들었다.[1] 책으로만 가르치는 것에 만족할 수 없었던 이 교사는 학생들이 직접 실험하며 배우는 수업을 생각했다. 그런데 수업을 하던 중에 사고가 났다. 학생들에게 충분히 주의를 주고 관찰했지만 한 학생이 화상을 입은 것이다. 즉시 화상의 정도를 파악하고 보건실로 보내는 등 처리를 했지만 그는 학생을 보호할 임무를 다하지 않았다는 이유로 학부모로부터 고발을 당했다.

학부모야 자기 아이가 다쳤으니 그럴 수 있다고 하지만 이런 경우 가장 문제가 되는 것은 학교다. 사고가 나면 학교는 교사를 보호하려고 하지 않는다. 교사와 함께 책임을 지는 것이 아니라 오히려 학교의 책임을 피하기 위해 교사의 잘못을 찾아내려 한다. 이 학교 역시 처음에는 교사에게 잘못이 있겠냐며 교사를 보호하는 척했지만 "절차에 따르지 않은 것이 있는지 솔직히 털어놓으라"고 물었다고 한다. 이런 질문을 통해 교사의 잘못이 발견되면 학교는 교사를 보호해주지 않을 것이다.

이 일은 한 교사가 겪은 특수한 경우가 아니다. 교사들 사이에서는 공공연하게 자주 듣는 이야기들이다. 그 결과 교사들은 가르치기 위해 용기를 내고 일을 도모하는 것이 자신을 위험에 빠뜨릴 수 있다고 생각하게 된다. 많은 교사들이 자기를 보호하고 배려하기 위해서는 아무것도 안 하는 것이 최선이라고 자조적으로 말한다. 가만히 있는 것이 가장 안전한 길이다. 교사가 아무것도 하지 않고 가만히 있는 것은 가르치지 않겠다는 말에 다름 아니다. 학생들도 가만히 있어야 하고, 교사들도 가만히 있어야 한다. 그게 제일 안전하다.

이렇게 아무것도 하지 않는 것, 이게 과연 '안전'인가? 이것이 우리가 추구해야 하는 안전인가? 가르치는 이가 가르치지 않고 가만히 있는다면 그는 계속 가르치는 이가 될 수 있는가? 배우는 이가 배우지 않고 가만있는 게 가장 안전하다면 그는 배우는 이인가? 안전을 도모하기 위해 아무것도 안한다면 우리는 '아무것도 아닌 존재'가 되는 것 아닌가? 이렇게 '아무것도 아닌 존재'로서만 안전하다면 이 '안전'을 우리는 뭐라고 불러야 할 것인가?

운명에 맞선 인간의 선택

2부 1장에서 언급했듯이 근대부터 우리가 추구해온 것은 안전이다. 무엇보다 우리는 자연재해로부터 안전하고, 외적의 침입으로부터 안전하고, 또 서구에서는 복지국가 혹은 사회국가의 발전을 통해 시장의 변덕으로부터 안전하고자 했다. 안전이라는 관점에서 본다면 삶을 보호하기 위해 여러 가지 장치를 만들어온 것이 근대라고 할 수 있다.

　중세까지만 하더라도 우리는 인간의 힘으로 안전을 도모할 수 없었다. 자연으로부터의 위험, 신이 내리는 위험 모두 외부로부터 오는 것이었다. 그렇기에 그런 '위험'을 운명으로 받아들였다. 위험을 통제하려고 하기보다 오히려 '시련'으로 받아들이면서 그 시련을 통해 신이 우리에게 던지는 '메시지'가 무엇인지를 읽으려고 했다. 위험은 통제의 대상이 아니라 의미를 전달하는 암호 같은 것이었다.

　그러나 근대 사회는 이 '시련'이 시련이 아니라 아무 의미도 없는 '위험'일 뿐이라는 것을 깨달으면서 시작되었다. 흔히 이 계기점으로 이야기하는 것이 리스본 대지진이다. 1755년 11월 1일 만성절 아침, 미사를 알리는 종이 울리고 거룩한 미사가 봉헌되고 있던 그 시간, 리스본 대성당에서 대지진이 발생했고 수많은 사람들이 죽었다. 그리고 리스본은 폐허가 되었다. 이 사건에서 사람들은 어떤 의미도 읽어낼 수 없었다. 오히려 신의 현존이 아니라 신의 부재를 알리는 사건에 불과했다.[2]

　이제 사람들에게 자연재해는 무미건조한 '위험'일 뿐이었다. 이 위험은 제거되거나 혹은 통제되어야 했다. 자연과학의 발달이 자연을 의미로 가득 찬 존재가 아닌 통제되어야 할 대상으로 바라보게 했다. 자연재해만이 아니다. 전염병도 신의 징벌과는 아무 상관이 없는 것이었다. 그것은 위생의 문제였고 공중보건의 대상이었다. 자연재해나 전염병을 아무런 감정이입 없이 무미건조하게 대하는 태도가 생겼다.

이런 태도와 함께 인간은 자신감을 갖기 시작했다. 안전을 도모할 수 있다는 자신감 말이다. 인간은 더 이상 운명에 휘둘리는 존재가 아니라 운명을 개척하는 존재가 되었다. 자연재해건 전염병이건 이런 문제들은 더 이상 인간의 '죄'의 문제가 아니었다. 인간의 '무능'이 문제가 될 뿐이다. '무능'이야말로 가장 비난받아야 할 일이 되었다. '무능'한 상태에 머무르며 나아지려고 하지 않는 것, 그것이야말로 가장 타락한 죄가 되었다.

따라서 인간은 안전하기 위해 가만히 있는 존재가 아니라 끊임없이 뭔가를 도모하는 존재가 되어야 했다. 사건 사고를 피할 수는 없다. 사건 사고를 완벽히 통제하는 것은 불가능하기 때문이다. 그러나 불가피하게 어떤 일이 벌어진다면 배워야 한다. 배워야 무능을 극복할 수 있다. 무능을 극복하는 존재로서 인간은 '유능'한 존재이며, 운명에 휘둘리는 게 아니라 운명을 개척하는 주체가 될 수 있다. 무능과 유능은 현재의 상태를 가리키는 정태적인 말이 아니다. 그것은 현재의 상태를 넘어서려고 하는 의지, 역동성을 의미한다.

그러므로 배우는 자만이 안전을 도모할 수 있다. 안전은 그저 가만히 앉아서 운명처럼 죽음을 기다리는 게 아니다. 지금은 비록 무능하다 해도 배움을 통해 더 유능해져야만 안전을 도모할 수 있기 때문이다. 따라서 우리는 배움을 권장하는 '역동적'인 사회야말로 안전을 도모하는 사회라고 말할 수 있는 것이다. 반대로 배우지 않아도 되는 사회, 나아가 배우자고 말하거나 배우려는 것이 위험시되는 사회야말로 위험한 사회가 된다. 가만히 있는 것은 안전을 도모하는 것이 아니다. 안전의 가장 큰 '위험인자'이다.

배우지 않아도 된다는 것을 배우다[3]

배우는 자만이 살아 있으며 삶을 도모할 수 있다. 배우지 않는 것은 살아 있는 게 아니라 사실은 죽은 상태다. 의식하건 의식하지 않건 사람은 늘 배운다. 살기 위해서는 배워야 한다. 인간을 둘러싼 환경이 늘 바뀌기 때문이다. 환경에 적응하고, 그 환경을 삶에 조금이라도 유리한 방향으로 바꾸기 위해서 배움은 필수적이다. 배움을 멈추는 순간 삶은 중단된다. 수동적인 측면에서 본다면 배움이 중단되는 것은 환경에 적응하는 것을 그만둔다는 말과 같은 뜻이기 때문이다. 배움은 삶의 과정 그 자체다.

배우는 과정은 경험의 연속이다. 가장 작게는 경험은 변화하는 환경 혹은 낯설고 새로운 환경을 만나고 적응하는 과정이다. 예기치 못한 환경이나 사태를 만나 죽지 않고 살아남는 과정에서 우리는 다음에 어떻게 행동해야 하는지를 배운다. 예를 들어 불에 손을 집어넣으면 화상을 입는다. 죽지 않고 살아남는다면 다음에 다시 불에 손을 넣을 리 없다. 불에 데는 경험을 통해 '다음'을 배운 것이다. 그 '다음'에 어떻게 행동해야 하는지를 알기 때문에 삶은 우연에 맡겨지지 않고 이어질 수 있다. 배움을 통해 인간은 예상되는 위험인자를 통제하고 그 통제를 통해 안전을 도모할 수 있기 때문이다. 안전이란 이처럼 소극적인 게 아니라 적극적인 것이다.[4]

삶이 곧 배움이고 배움이 곧 경험의 연속이라면, 경험을 통해 배우지 않는 삶은 이미 죽은 삶이다. 이번 경험을 통한 배움이 다음을 약속하지 않는다면, 다음에도 다시 전적으로 우연이나 운에 맡겨질 수밖에 없다. 이런 삶은 우연히 살아 있는 삶이다. 화상을 입었던 경험을 하고도 다음에 또 불에 손을 넣는다면 그는 언젠가 불에 타 죽을 것이다. 요행수를 통해서는 삶을 도모할 수 없다. 경험을 통해 배우지 않는 삶은 삶이라고 부를 수도 없는 끔찍한 삶이다.

메르스 사태를 겪으며, '한국 정부와 사회가 지난 세월호 사건으로부터 무엇을 배웠는지'에 대해 학생들과 이야기를 나눴다. 대다수 학생들이 배운 것이 없다며 고개를 저었다. 세월호 사건이 국가적 불행이었다면 국가는 '무언가'를 배웠어야 한다. 사고가 발생했을 때 신속히 움직이기 위해서 제도나 조직이 어떻게 정비되어야 하는지, 정치인은 어떻게 현장의 신속 대응을 독려하고 지원할 수 있는지를 배웠어야 한다.

그러나 메르스 사태 이후 정부의 대응을 보면 배운 것이 없다.

오히려 이 정부는 세월호 사건이 가슴 아픈 일이긴 하지만 그것은 '개인적인 불행'임을 지속적으로 강조했다. 국가의 제도적 문제점이 드러난 사건이 아니라 전적으로 그 배에 타고 있던 승객들의 불운으로 바라보는 듯했다. 그렇다면 세월호 사건은 우연히 벌어진 일이지 필연적인 일이 아니다. 우연히, 재수가 없어서 벌어진 일이라고 한다면 거기서 배울 것은 없다. 그것은 그냥 어디서나 운이 좋지 않다면 벌어질 수 있는 일이다.

세월호 사건을 국가적 재난으로 생각했던 사람들에게 메르스 사태는 충분히 예견되는 '다음' 재난이었다. 이 두 재난은 성격이 전혀 다르지만 국가가 제대로 준비하고 대처하지 않았다는 점에서 연속적인 사건으로 인식된다. 그러나 세월호 사건을 개인적 불행으로 생각했던 사람들에게 메르스 사태는 우연히 재수 없게 1년 뒤에 벌어진 별개의 사건일 뿐이다. 이 두 사건 사이에는 아무런 연속성이 없다. 두 사건을 연속적으로 사고하지 않으니 역시 배울 것이 없다. 듀이가 말한 것처럼, 배움이 떨어져 있는 두 가지를 연결 짓는 것이라고 한다면 전혀 배우지 않은 셈이다.

그러나 이 결론은 듀이가 말한 것과 정면으로 배치되는 듯하다. 이 정부가 멀쩡히 살아 있고 권력을 행사하는데 어떻게 배운 것이 없을 수 있겠는가? 여기에 이 사회의 비극이 있다. 이 정부는 사실 배운 것이 있다. 배우지 않아도 된다는 것을 배웠다. 배우지 않아도 아무 일도 없다는 것을 지난 세월호 사건에서 배워버렸다. 어떤 일이 벌어지더라도 그것을 필연이 아니라 우연으로, 연결되지 않는 개별적 사건으로, 국가적 재난이 아니라 개인적 불행으로 개별화하더라도 끄떡없다는 걸 배웠다. 가장 배우지 말아야 할 것을 배워버린 것이다. 이것이 한국 사회의 가장 큰 비극이다.

가만히 있으라?

배우지 않아도 된다는 것을 배운 국가에서 한국 사람들은 지난 몇 년간 뼈저리게 깨달았다. 이 나라에서는 절대다수의 사람들의 삶이 안전하지 않다는 것을 말이다. 메르스 사태는 질병 앞에서 국가의 방역망이 어떻게 뚫릴 수 있는지를 보여줬다. 앞서 말한 것처럼 질병으로부터의 안전은 근대 국가가 위생과 보건을 도입하면서 가장 먼저 극복하고자 노력했던 위협이었다. 그 '오래된' 위협이 다시 귀환했지만 국가는 철저히 무능했다.

이 위험 앞에서 사람들은 각자 알아서 안전을 도모해야 했다. 마스크를 착용하고 손을 씻었다. 개인위생을 챙기는 것을 넘어, 안전을 위해 해야 할 가장 중요한 일은 무엇보다 위험한 사람을 피하는 것이었다. 2부 1장에서 언급한 것처럼 그 과정에서 먼저 희생된 사람들은 의료인들이다. 그전까지 한국에서 가장 부러움의 대상이자 가장 권위적이던 의사들이 한순간에 발가벗겨졌다. 의료인의 자녀들은 학교에서 집단 따돌림을 당했다. 아파트 단지에서는 의사들에게 엘리베이터를 타지 말고 계단으로 다닐 것을 요구했다. 사람을 적대시하는 것으로 안전을 도모하게 된 것이다.

그리고 강남역에서 한 여성이 무참히 살해당했다. 강남역 살인 사건과 그 이후에 터져 나온 여성들의 목소리는 이미 오래전부터 여성들의 안전이 짓밟히고 있었다는 것을 증언했다. 이 사건이 우연적이고 예외적인 사건이 아니라 '여성'들이 보편적으로 경험하고 느끼고 있는 위협이라는 걸 말이다. 가정에서부터 길거리, 학교와 직장까지 여성을 향한 폭력은 어디에나 존재한다. 다만 말해지지 않았던 것뿐이다. 안전한 곳은 없다. 이때 여성들이 들고 나온 구호가 바로 "나는 우연히 살아남았다"였다.[5]

그리고 구의역 사고가 있었다. 구의역 사고는 한국이라는 나라에서 '먹고살기 위한 노력'이 어떻게 죽음과 닿아 있는지를 여실히 보여줬다. 근대 국가가 보장해야 하는 안전의 또 다른 영역이 바로 경제다. 시장의 변덕 즉, 항시적인 해고의 위협, 해고로 인한 생계의 위협에 시달리는 삶을 보호하는 것이 국가의 역할이다. 또한 현장에서의 사고를 예방하고 생명을 보호하기 위해 노력해야 하는 것이 국가다. 그러나 이런 안전은 없다는 것을 구의역 사고는 우리에게 여실히 알려줬다.

그리고 경주에서 지진이 났다. 물론 근대 국가의 노력에도 불구하고 자연재해는 완전히 제거하거나 극복할 수 없다. 그렇기 때문에 국가는 자연재해로부터 국민의 생명을 보호하기 위한 여러 가지 예방조치들을 한다. 그럼에도 재해가 발생했다면 피해를 최소화하기 위해 즉각적으로 대처해야 한다. 그러나 경주 지진은 이 나라가 자연재해에 대해 얼마나 무지하고, 무능력하며, 나아가 무모한지를 보여줬다. 무지가 무모함을 낳으며 그 무모함이 국민의 생명을 위협한다.

2016년 지진으로 흔들린 경주와 울산은 세계에서 원자력 발전소가 밀집한 지역 중 하나다. 또한 수도권을 제외하면 인구가 가장 밀집해 있는 지역이기도 하다. 그렇기에 이 지역의 사소한 사고는 엄청난 재앙으로 이어질 수도 있다. 그러나 정부는 원자력 발전소가 안전하다는 말만 반복했다. 그 안전이 어떻게 보장될 수 있는지에 대해서는 말하지 못했다. JTBC 「뉴스룸」이 2016년 9월 27일 보도한 바에 따르면, 월성 1호기의 안전 점검 당시 1호기의 설계도가 없어서 2호기와 3호기의 안전심사 자료를 가지고 1호기의 안전심사를 대신했고 문제가 없다고 결론 내렸다고 한다. 이를 두고 한 교수는 쌍둥이의 신체를 검사하면서 둘 중 한 명만 검사하고 나서 다른 한 명은 쌍둥이니 똑같이 이상이 없다고 하는 것과 같은 격이라고 말했다.

이처럼 우리는 지난 5년간 여러 가지 사건 사고들을 통해 국가가 국민들의 삶을 보호하지 않는다는 것을 깨달았다. 국가는 국민의 생명을 지키는 데 무관심하고, 무지하고, 무능하고, 무모했다.

그리고 백남기 농민의 죽음은 이에 더해 국가가 국민의 생명을 앗아가는 폭력을 휘두르는 데는 매우 유능하다는 것을 확인하게 했다. 죽음의 폭력을 휘두르는 권력 앞에서 우리는 이 나라가 안전을 위해 던지는 메시지가 무엇인지를 알게 된다. 안전하고 싶으면 아무것도 하지 말고 가만히 있으라는 말이다.

죽음과 죽음의 선택

가만히 있으면 안전한가? 물론 안전하다. 백남기 농민 사망사건은 바로 그 점을 알려준다. 시위에 나서지 않고 가만히 있으면 안전하다고 말이다. 무엇으로부터 안전한가? 바로 국가폭력이다. 가만히 있으면 국가폭력으로부터 안전할 수는 있다. 경찰에 맞설 일도, 물대포를 맞을 일도 없으니 말이다. 가만히 있음을 통해 추구할 수 있는 안전은 딱 여기까지다. 국가폭력에 의해 죽지 않는 안전만 보장된다. 그러나 이 '국가로부터의' 안전에는 '국가를 통해' 추구해야 할 안전은 없다.

여기서 우리는 저들이 이야기하는 안전이 무엇인지를 비로소 알 수 있다. 저들이 말하는 안전이란 바로 생물학적 생명에 대한 안전이다. 그 안전을 위해 말하는 존재로서, 사람과 사람 사이의 존재로서의 존엄을 버리라는 말이 된다. 그 결과 나오는 국가의 명령은 이것이다. 안전하고 싶으면 가만히 있으라. 가만히 있지 않으면 위험하며, 그 위험은 가만히 있지 않은 당신이 자초한 것이다. 이를 통해 저들은 안전과 존엄이 대치되는 것으로 만들었다. 비루한 삶이냐 아니면 죽음이냐를 선택해야 한다.

그러나 저들이 말하는 비루한 삶이라는 안전 역시 위험하기는 마찬가지다. 그 안전은 안전이 아니라 잠시 유예된, 그러니까 언제 도래할지 모르는 죽음이기 때문이다. 공동세계에 참여하는 의견과 활동이 없는 삶에도 불구하고 안전마저 보장되지 않는다는 것을 보여준 것이 바로 메르스요, 강남역이요, 구의역이다. 가만히 있다고 살 수 있는 게 아니다. 가만히 앉아서 죽을 뿐이다. 그렇기에 이것은 삶과 죽음 사이의 선택이 아니라 죽음과 죽음 사이의 선택일 뿐이다.

국가의 폭력으로부터 안전하다고 해서 그 안전을 안전이라고 말할 수는 없다. 나아가 정말 국가의 폭력으로부터 안전한 것도 아니다. 경주의 지진에서 보는 것처럼 국가의 폭력은 내가 시위 현장에 나가지 않고, 경찰과의 맞대면을 피한다고 회피될 수 있는 게 아니다. 국가는 저 멀리 시위 현장에 '경찰'로만 들어와 있는 것이 아니다. 밀양이나 강정의 사례에서 보는 것처럼 언제 내 삶의 터전에 불쑥 들어올지 모른다. 그렇게 내 삶의 공간에 들어와서 삶을 위협하는 것 또한 국가다. 내가 회피하려 한다고 회피되는 게 아니라는 말이다.

따라서 아무것도 안 하는 삶은 사실상 '국가의 폭력'으로부터조차도 안전하지 않다. 이것은 안전과 위험, 삶과 죽음 사이의 선택이 아니다. 죽음과 죽음의 선택이라는 점에서 선택지는 두 개가 아니라 사실 하나다. 노예는 1)주인 밑에서의 비루한 노예의 '삶'과 2)도망을 가다 총에 맞는 '죽음'의 선택이 아니라 1)주인 밑에서 비루하게 살다 주인의 변덕 때문에 채찍에 맞아 죽는 '죽음'과 2)삶을 위해 도망치다 총에 맞는 '죽음' 두 죽음 사이의 선택만이 있을 뿐이다. "비루할지언정 삶은 삶이 아니냐"는 말에서의 '삶'이 사실은 '죽음'인 것이다. 그렇기에 "자신이 행사할 수 있는 선택의 자유 중에 의미 있는 유일한 것은 자신의 죽음 양식을 선택하는 것이라고 정한 이후에, 삶을 위한 싸움을 결정"[6]하게 된다.

안전한 관계는 없다[7]

공적 세계만이 아니다. 사적인 관계에서도 우리는 더 이상 안전하다고 생각하지 않는다. 우리 삶에서 안전한 관계라는 것이 있지도 않았지만, 그나마 있던 것도 급속히 사라졌다. 연인 사이도, 부모 자식 사이도 더 이상 안전하지 않다.

과연 안전한 관계가 있다가 사라진 것이지 아니면 그 이전에도 안전하지 않았는데 우리가 모른 척하면서 안전하다고 생각했던 것인지는 의문이다. 이에 대해서는 통계를 비롯해 심층적인 질적 연구가 필요하다. 세상이 더 위험해진 것인가 아니면 이전부터 위험했지만 이제야 비로소 그것을 위험이라고 인지하기 시작한 것인가, 혹은 더 안전해졌지만 안전에 대한 관념이 바뀌거나 더 높아짐으로써 위험하다고 생각하게 되었는가 등 여러 가지 차원에서 이야기를 세밀하게 풀어야 할 것이다.

나는 경험연구를 중심에 두고, 위험에 대한 담론이 폭증한 현재 시점에서 사람들이 어떻게 반응하고 대처하는지를 관찰하고 연구하는 데 초점을 맞춘다. 실제로 위험이 높아진 것이건, 아니면 이제야 위험을 말하기 시작한 것이건, 혹은 위험에 대한 의식이 높아진 것이건 '위험하다'고 생각하는 빈도와 강도가 늘어나면서 사람들이 어떻게 그 위험에 대처하는지에 대한 것이 내가 주로 관심을 가지는 영역이다.

여기에 대해서는 바우만이 말하는 '사회문제의 개인화' '빗장건 사회'gated society의 등장 등 여러 가지 사회학적 연구들이 나와 있다. 사회문제의 개인화란 국가가 각 개인들의 안전을 보장하지 못한다는 생각 때문에 안전을 비롯한 사회문제가 개인이 다루어야 하는 문제가 되었다는 것이다. 이를 안전이 사회의 문제가 아니라 개인의 능력문제로 전환[8]되었다고 말한다. 즉, 안전은 개인이 '관리'해야 하는 것이 되면서 개인의 관리 '능력'이 문제시된다.

안전한 것과 안전하지 못한 것을 개인이 구분할 줄 알아야 하며,

구분하지 못한다면 그것은 개인의 '지적' 능력이 떨어진다는 것을 의미한다. 또한 안전을 '소홀히' 하는 것은 그 개인의 '게으름' 문제가 된다. 사회적 문제가 개인의 능력과 태도, 그리고 '덕목'의 문제로 전환되는 것이다. 이렇게 되면 위험한 일이 벌어지거나 안전사고가 발생했을 때 그에 제대로 대처하지 못한 개인의 '무능' '나태' '경솔함'이 원인으로 지목된다. 문제가 '윤리화'되는 것이다. 그리고 안전하지 못한 사회, 안전에 대해 무능한 사회는 사라진다.

안전이 개인화되면 동시에 사람들 사이에서 공동세계와 공동세계를 만드는 활동, 그리고 그 활동을 하는 협력이 사라지게 된다. 아주 단적인 예가 SNS다. 대학의 한 수업에서 학생들에게 SNS를 하는지에 대해 물어봤다. 몇 년 전과는 달리 놀랍게도 절대다수의 학생들이 하지 않는다고 답했다. 한다고 하는 학생들도 폐쇄모드로 하는 등 활동을 최소화하고 있었다. 이른바 '눈팅'만 한다는 학생들도 많았다.

이유는 간단했다. 누군가가 SNS에 올리는 글로 자신을 판단하는 것도 싫고, 또 말 한 번 잘못했다가는 '조리돌림'을 당해 만신창이가 된다는 것이다. 다들 사소한 것에서부터 심각한 것에 이르기까지 SNS를 하다가 위험에 처했던 경험들이 있었다. 그래서 자신을 안전하게 보호하기 위해 아무것도 안 하거나, '눈팅' 즉 구경만 하거나 혹은 극히 폐쇄적으로 아는 사람들끼리만 한다고 했다. 자신을 지키는 일이 이처럼 '공동'세계에서 물러나는 일이 된 것이다.

사적인 관계도 마찬가지다. 사적인 관계 역시 별로 안전하지 않다고 생각한다. 사적인 관계는 사적이기 때문에 오히려 더 위험할 수도 있다. 대표적인 것이 연애와 데이트다. 10년 전에는 단어조차 생소했던 데이트 폭력, 데이트 강간이라는 말이 연일 지상에 오르내린다. 친족 간에 벌어지는 성폭력과 가정폭력, 그리고 친족살해에 대한 이야기가 여기저기서 터져 나온다. 공동세계에 참여하는 것만 위험한 게 아니라 공동세계에서 물러난 사적인 관계 역시 지극히 위험한 상태다.

대학생들에게 물어보면 연애를 안 하는 이유 중의 하나로 '불안'을 꼽는다. 이전에는 경제적 불안이나 관계의 안정성에 대한 불안을 주로 이야기했지만 최근에는 상대에 대한 불안을 이야기하는 경우가 급증했다. 한 학생은 자신이 연애를 하지 않는 이유를 '어떤 또라이를 만날지 모르기 때문'이라고 말했다. 자기의 경험도 그렇고, 주변의 이야기를 들어봐도 너무 소름끼치는 일이 많이 벌어지고 있다는 것이다.

앞에서 이야기한 데이트 폭력이나 데이트 강간뿐만이 아니다. 만일 나의 남자친구가 일베를 한다면, 일베에서 사용하는 그 여성혐오적인 표현을 써가며 나에 대한 이야기를 한다는 걸 상상만 해도 끔찍하다고 했다. 또 몰래 나와의 성행위를 녹화했다가 헤어졌을 때 복수하려고 소라넷 같은 사이트에 올릴지 모른다는 것도 공포라고 했다. 이처럼 마음만 먹으며, 그리고 마음이 바뀌기만 하면 가장 안전하다고 생각하던 관계가 가장 위험한 관계로 돌변할지 모르기 때문에 물러설 '안전한' 사적인 관계도 없다는 것이다. 안전한 관계는 불가능해 보인다.

그 결과 우리는 공동세계, 인 '간'[間]세계에서의 활동을 포기하는 것으로 안전을 도모하려고 한다. 여기서 우리가 도모할 수 있는 안전은 생물학적 생명의 안전이다. 공동세계를 짓는 사회적 존재로서의 생명, 그 생명의 안전은 포기한 것이다. 사회적 존재로 살아가기 위해서는 끊임없이 공동세계에 참여하고 관계를 허물고 짓고 살아야 하는데 그 허물고 짓는 행위에 참여하는 것 자체가 위험해졌기 때문이다.

가까스로 지켜지는 존엄

이렇듯 활동이 사라진 안전한 삶에서 제거된 것이 있다. 바로 인간으로서의 존엄이다. 인간으로서의 존엄이란 생물학적 인간종으로서의 존엄을 가리키는 말이 아니다. 다른 생물에 반하여 인간의 생명만 존엄하다는 말도, 인간의 생물학적 생명이 존엄하다는 말도 아니다. 이 말은 '인간'[人間]이라는 존재방식을 가리키는 말로 봐야 한다. 즉 인간이란 한자가 말하는 바 그대로 '사이에 존재하는, 사이로서 삶'이라는 의미에서의 존엄이다. 그리스인들이 표현을 빌리자면 인간의 존엄이란 생물학적 생명을 가진 존재로서의 존엄을 넘어 사회적 생명을 가진 존재로서의 존엄을 의미한다.

사회적 생명을 가진 존재로서의 존엄이란 무엇인가? 그것은 다른 이의 삶을 내 삶의 동반자로 여긴다는 말이다. 그의 존엄을 존중한다는 것은 그를 삶의 동반자로서, 공동세계의 일원으로서 존중한다는 의미다. 그렇기에 그의 존엄성을 존중한다는 것은 나와 함께 공동세계를 짓고 있는 그의 활동, 그의 의견을 존중한다는 말이 된다. 그의 말을 묵살하고, 그의 활동을 파괴하는 것이야말로 '사이로서 살아가는 존재'라는 의미에서의 인간의 존엄성을 짓밟는 파괴 행위가 된다.

아무것도 하지 말고 가만히 있어야만 보장되는 '안전'은 인간의 존재방식인 공동세계에 대한 파괴에 다름 아니다. '사이'를 만들고, '사이'를 통해서, '사이' 안에서 추구하는 안전이 아니라 '사이'가 사라진 상태를 안전이라고 기만하는 말에 지나지 않는다. 이런 안전은 문자 그대로 인간의 존재방식인 존엄이 사라지고 파괴된 상태, 특히 사회적 인간으로서는 '죽음'의 상태에 불과하다.

따라서 그의 존엄성을 지켜준다는 말은 공동세계에 참여하는 그의 활동과 의견을 존중한다는 말이 된다. 존엄에 입각한 안전이란 공동세계에 참여하는 그의 활동과 의견의 안전을 보장한다는 의미에 다름 아니다. 활동과 의견이 안전한 사회, 그 사회가 바로 인간의 존엄성이 보장받는 사회다. 그렇지 않고 그저 생물학적 생명이

나 '보호'하는 사회에 존엄성은 없다. 그런 사회에서 우리는 그저 목숨이나 구걸하고 사는 비루한 존재일 뿐이다.

　이런 인간의 존엄을 지키기 위해서는 고도의 의식적이고 의도적인 노력이 절대적으로 필요하다. 이런 노력이 존재하지 않는 순간 인간은 존엄한 존재이기는커녕 가장 모독 받는 존재가 된다. 서구가 나치의 경험 이후 인간의 존엄을 중시하고, 인권human rights과 인도주의humanitarian를 지키기 위해 온갖 법적/제도적 장치를 둔 이유가 바로 여기에 있다. 인간의 존엄성은 자연발생적이 아니라 의도적 노력에 의해서 '가까스로' 지켜지는 것이기 때문이다.

　그러므로 우리가 요구해야 하는 것은 존엄과 안전이다. 다른 말로 하면 우리는 안전하기 위해 가만히 있는 삶이 아니라 활동과 의견의 안전이 보장되는 사회를 요구해야 한다. 안전하기 위해 시위를 피해 다니는 삶이 아니라 거리에 나와 시위를 하는 게 안전하게 만들어야 한다. 이 시위 자체가 우리 삶을 제대로 지켜내지 못하는 국가의 무능과 무관심, 그리고 무모함을 막기 위한 것이라면 더욱 그렇다. 이런 활동이 안전하지 못할 때, 국가는 더욱 무관심해지고 무능하며, 무모해지기 때문이다. 이 위험을 막기 위한 활동이 안전하지 못할 때 국가는 흉기가 되고 우리의 삶은 파괴된다.

2장
다시 리셋에서 전환으로

나는 1부와 2부에서 사람들이 왜 이렇게 화가 나 있는 상태이며, 그 분노가 현실을 어떻게 인식하게 하는지, 어떤 태도를 만들어내는지에 대해 이야기했다. 다시 한번 정리하자면, 오늘날 대부분의 사람들은 노력을 통해 자신의 생애사를 기획하는 것도, 사회 안으로 진입하는 것도 불가능해졌다. 사람들은 자기의 삶과 사회를 통제하는 게 더 이상 가능하지 않다는 것을 알게 되면서 삶은 근대 이전과 마찬가지로 다시 우연한 것이 되었다고 생각한다. 그리고 사람들은 이렇게 변해버린 상황에 화가 나 있다.

사회의 한쪽에서는 엘리트들의 기득권이 더욱 강해지고 있다. 진보와 보수를 막론하고 그들의 정치와 담론은 배제된 사람들의 감정과 삶을 설명하고 해결하는 게 아니라 자기들의 기득권을 더 강화하는 수단이 되고 있을 뿐이다. 정치와 담론, 나아가 사회운동에서도 사람들이 느끼는 것은 점점 더 자신이 주변화marginalized되어 가고 있다는 인식이다. 그 결과 사람들은 점점 억울함이 쌓이고, 해소되지 못한 억울한 감정 때문에 피해에 민감해진다.[1]

상황이 이렇게 되자 이 시대와 사회가 구제불능이라고 인식하며 완전히 뒤엎어야 한다고 생각하는 사람들이 늘어가고 있다. 이들이 사회를 대하는 태도는 적대적이고 과격하다. 이들은 차라리 전쟁이 터지는 것이 낫다, 깡그리 망하고 처음부터 다시 시작하자, 역사를 통해 변화를 도모하는 게 아니라 역사 자체를 리셋해야 한다고 생각한다.

부끄러움은 왜 우리의 몫인가

리셋하고 싶은 '분노'의 한편에 도사리고 있는 것은 아이러니하게도 무기력이다. 우리는 모든 것이 불가능해 보이는 세상을 살아가고 있다. 무엇을 한다 해도 그것이 삶에 어떤 돌파구를 열어줄 것 같지가 않다. 굴뚝 위에서 100일이 넘게 버티고, 아스팔트 바닥을 삼보일배로 기고, 하루에 열 몇 시간씩을 노동하며 아등바등해도 우리 삶에 뭔가 가능해 보이는 것이 없다. 그러니 차라리 외면하는 일이 많아진다.

정치적 사건 역시 마찬가지다. 세월호 사건이 일어났을 때, 많은 이들은 2002년 촛불집회 때보다 더 많은 사람들이 길거리로 나올 거라고 생각했다. 너무나 많은 사람이 죽었고, 그 이유가 국가의 미흡한 안전대책으로 인한 인재人災였던 탓에 누구나 분노할 만한 사건이었기 때문이다. 인터넷에는 정권을 규탄하는 목소리와 "이게 나라냐"하는 탄식이 이어졌다. 그러나 막상 집회가 시작됐을 때 거리로 나온 사람들의 숫자는 2002년과 비교하기 어려울 만큼 적었다. 시위에 나온 이들은 실망하며 왜 사람들이 나오지 않는지를 궁금해 했다.

분노하는 사람들에게 왜 집회에 참석하지 않는지 물었을 때 가장 많이 돌아온 대답은 나간다고 해서 해결될 것 같지 않다는 것이었다. 나가서 외친다고 한들 대통령과 집권세력이 들을 것 같지 않다고 생각하는 이들이 절대다수였다. 바뀔 것 같지 않은데도 집회에 나가 유가족들을 보고 그들의 말을 듣는 것이 더 큰 고통이라고 말했다.

고통 중에서 가장 크고 절망스러운 고통은 해결되지 않을 것 같은 고통을 직면하는 것이다. 그런 고통에 직면했을 때 사람은 견딜 수 없는 고통을 느끼고, 그 고통을 외면하고 싶어한다. 이 외면은 나만 살아남겠다는 외면이라기보다 모든 것이 불가능해진 상황에서 다시 절망을 마주하고 좌절을 맛보지 않겠다는 외면에 가깝다. 고통이 끝나지 않을 것이라는 절망 속에서는 서로의 얼굴을 대하는 것이 위로는커녕 가장 끔찍한 고통이 된다. 위로가 불가능하다는 것만을 되새기게 하기 때문이다. 이런 상태에서 사람들은 '덜 괴롭게 사는 것'을 택한다.

위로와 만남이 불가능하기에 외면을 택한 삶이 덜 괴로울 수는 있어도 기쁠 수는 없다. 아마 우리가 처한 상황에서 가장 처참한 부분이 있다면 바로 이것이 아니겠는가? 기쁘기 위해 사는 것이 아니라 덜 괴롭기 위해 사는 것 말이다. 그렇게 덜 괴롭게 살기 때문에 순간순간의 우울과 고통, 슬픔은 진실을 대면했을 때보다는 덜하지만 삶 자체는 더 비참해진다.

나와 함께 공부를 하고 있는 한 학생의 삶도 세월호 사건 이후 그랬다. 대학에 들어온 지 1년이 겨우 넘은 시점에서 맞닥뜨린 세월호 사건은 그에게 감당할 수 없는 슬픔과 고통을 안겨 주었고, 무수한 질문을 던지게 했다. 무엇보다 유가족들의 슬픔은 과연 무뎌질 수 있는 것인지에 대한 의문이 머릿속에서 떠나지 않았다. 슬픔은 시간이 지난다고 잊을 수 있는 것이 아니고, 사람은 결국 그 고통에서 영원히 벗어날 수 없다는 생각도 들었다고 한다. 이즈음 떠올린 것이 한 수업에서 들은 "인간은 인간을 위로할 수 없다"라는 말이었다.

이 학생이 고통스럽게 받아들인 것처럼 고통은 말할 수 있는 것이 아니다. 고통은 말할 수 없는 것이기 때문에 고통 당하는 사람은 외로울 수밖에 없다. 그는 혼자서 짐을 지고 가야 한다. 세월호 유가족들의 그 끝없는 슬픔과 고통을 보며 이 학생도 끝없는 절망과 슬픔을 느꼈지만, 두 고통의 만남은 이뤄지지 않고 각자의 짐으로 남았을 뿐이다. 그래서 이 학생은 "고통에서 벗어나지 못하는 이곳에서 어떻게 살아야 할지, 무엇을 소망해야 하는지" 도무지 알 수 없었다고 했다. 완전한 무기력과 무력감에 빠진 것이다.

방귀보다 못한 말[2]

이 과정에서 완전히 무력화된 것이 있다. 말이다. 말이 말할 수 없는 고통을 만나게 하는 매체가 되지 못하는 것만 해도 무력화된 상황인데, 더 나아가 말은 고통을 조롱하고 무화시키는 도구가 되었다. 사람들은 화가 나기 때문에 말을 하고, 말을 통해서 서로 만나고 소통하며 문제를 해결하려고 시도하는데, 말이 아무런 힘이 없다보니 말을 하면 할수록 더 무기력해지고 화가 나는 상황이 되고 말았다.

말의 힘이나 가치만 땅바닥으로 떨어진 것이 아니라 말 자체가 땅바닥으로 떨어졌다. 말은 방귀보다도 못한 것이 되고 말았다. 역사교과서 국정화를 둘러싸고 나온 박근혜 정부의 말이 대표적이다. 그들은 '국정'교과서를 '통합'교과서라고 말한다. 쓸데없는 내

분만 잔뜩 일으키고는 그것을 통합이라고 말한다. 모순도 이런 모순이 없다. 이명박 정부의 '녹색' 성장부터 박근혜 정부의 '통합' 교과서에 이르기까지 말은 그저 '그럴싸한 것'이지 '의미'를 가지고 있는 것이 아니었다.

말에는 말이 지향해야 하는 '공통적인 개념의 핵'이 있다. 이것이 있어야만 말은 정파나 사람에 상관없이 말할 줄 아는 사람 모두에게 주어진 '공통의 것'이 된다. 이 공통의 것에 기반을 둘 때만이 싸움이든 협상이든 '소통'이 시작될 수 있다. 졸저 『단속사회』에서도 말했지만 소통의 영어인 커뮤니케이션communication의 'com'이 바로 공통을 의미한다. 공통의 것이 없다면 소통은 고사하고 싸움도 일어나기 힘들다. 그저 너 죽고 나 죽는 전쟁만 있을 뿐이다.[3]

말이 전달하는 의미가 일대일로 딱 정해져 있는 것이 아니라 '무한히' 열려 있기는 하지만 결코 엿장수 마음대로 막 갖다 붙일 수는 없다. '공통적인 개념의 핵'에 대한 지향[4]을 무시하고 말하는 것은 더 이상 말이 아니라 소리, 혹은 짖음에 불과하다. 따라서 말을 파괴하려는 사람조차도 자신의 말이 '엉뚱한' 혹은 '그릇된' 해석이 될 소지가 있다면 그것을 피해야 한다. "한 해석이 올바른 해석인지를 밝히는 일은 무척 어렵"지만 "그릇된 해석을 식별하기는 쉽"기 때문이다. 쉽게 식별되는 그릇된 해석일 때 그 말을 한 사람은 창피를 모면하기 힘들다.[5]

문제는 여기에서 빚어진다. 그들이 하는 말이 아무리 '그릇된 해석'이라고 말해도 아무도 창피를 느끼지 않는다는 점이다. 정치에서만이 아니다. 일상생활에서도 강의실에서도 가면 갈수록 도통 말 같지도 않은 말이 난무한다. 말은 아무것도 약속하지 않는다. 언제든 편의에 따라 말을 이리저리 바꾸는 건 이제 '스캔들'이 되지도 못한다. 이들은 "그들의 목적에 쓸 만한 형태를 얻어낼 때까지 텍스트를 마구 주무르고 파헤치고"[6] 있다.

부끄러움은 말하는 사람이 아니라 듣는 사람의 몫이 되었다. 말을 듣는 이는 적어도 그게 말이라고 생각하기에 듣는다. 그런데 그 말을 들으면 들을수록 말이 말 같지 않다는 것만 확인하게 된다. 말이 말도 아닌 것이 되면서 말을 말로 들으려고 했던 사람이야말로 부끄러움을 느끼게 된다. 말이 똥값이 된 것이다. 그래서 말의 부끄러움을 느끼는 사람들은 아예 입을 닫았다. 말할수록 자괴감만 늘었기 때문이다.

이 결과는 참혹하다. 말이 방귀만도 못한 것이 되자 그들은 더 말 같지도 않은 말을 아무런 부끄럼 없이 하면서 말로 이루어지는 공통의 세계를 철저히 파괴했다. 근대민주주의는 '올바른 해석'을 밝혀내기는 힘들지만 적어도 '엉뚱한 독서' '그릇된 해석'을 가려내는 공론장이 작동한다. 내가 공론장에서 말한 것이 말도 안 되는 그릇된 해석일 때 부끄러움을 느끼게 하는 것으로 말은 힘을 가진다. 그렇기에 정치에서 가장 많이 쓰는 단어가 '수치'shame다. 유엔 인권위원회의 선언에서부터 길거리 시위에 이르기까지 가장 많이 사용하는 게 "네가 부끄럽다"shame on you라는 말이다. 이런 말을 들은 정치인은 그 상황을 가장 창피스럽게 여긴다.

그런데 한국의 통치권력은 더 이상 부끄러움을 느끼지 않는다. 심지어 부끄러움을 느끼지 않는 것을 자랑으로 여긴다. 수치를 대신한 것은 뻔뻔함이다. 수치에 반하는 이런 뻔뻔함이 말을 방귀보다 못하고 구린 것으로 만들었다. "그게 뭐가 문제냐!"하는 태도를 취한다. 아예 말을 파괴함으로써 말문이 막혀 무엇을 하겠다는 의사를 포기하게 만든다. 말하는 이가 더 이상 부끄러움을 느끼지 않을 때 말은 철저히 무력해진다. 말의 유일한 힘이 파괴된 것이다. 그 결과 말할수록 말하는 것이야말로 우울하고 무력하다는 것을 확인하게 된다.

사람을 통치하는 데 가장 유용한 방법이 무력한 자를 무기력하게 만드는 것이다. 내가 이러이러한 힘이 없기 때문에 할 수 있는 게 아무것도 없다는 무기력에 빠지면 그 다음에는 할 줄 아는 게 없어진다. 한번 무기력에 빠지면 그 무기력한 상황을 단번에 바꿀 수 있을 정도로 '큰 힘'이 생기지 않는 이상 사람은 움직이지 않는다. 또한 예외적인 상황이 아니면 무기력에 빠져 있는 한 '큰 힘'은 좀처럼 생기지 않는다. 악순환이다. 그렇기에 무기력하게 만드는 것이야말로 사람을 다스리는 가장 좋은 방법이다. 악순환에 빠뜨리는 것이다. 한국이 지배계급은 말과 글의 힘을 박살내고 무기력을 통해 통치한다.

정치혐오와 지식인 혐오

무기력에 빠지고 무력함에 휩싸인 사람들은 도저히 자신의 힘으로 탈출할 수 없을 것 같다는 느낌을 가지게 된다. 이럴 때 말로 이루어지는 세계에 대해 깊이 불신하게 된다. 말로 이루어지는 세계는 그 첫 번째가 정치이고 두 번째가 지식이다. 무엇보다 우리는 정치를 불신한다. 진보와 보수를 가리지 않고 그들이 해왔던 말들은 사기였고 무의미했으며 무력했음을 경험상 알고 있다. 그렇기에 말로 기만하고 있는 이 정치의 세계를 뒤집어엎어야 한다는 주장이 세를 얻는 것도 무리가 아니다. 이런 점에서 가장 과격하게 정치화된 것은 정치혐오의 정치다.

한국에서도 정치혐오의 정치, 즉 반-정치가 가장 과격하며 대중적 인기를 끈다. 여기에 많은 언론들이 부화뇌동한다. 정치인들에 대한 불신에 붙어서 그 혐오를 부채질하는 것으로 먹고살고 있다. 기존 정치에 대한 불신은 한국에서만 일어나는 일이 아니다. 기존의 정치가 자신을 배제하고 그들만의 리그가 되었다는 것에 대한 불만은 지구 곳곳에서 '반란'의 형태로 표출되고 있다. 많은 사회과학자들의 예측, 심지어 도박자들의 예측을 깨트리고 영국에서 브렉시트가 국민투표를 통과한 것이 전형적인 예이다. 지금까지 나온 보도와 분석에 따르면 브렉시트에 찬성을 한 사람들은 대부분 기존의 정치가 자신을 배제하고 있다고 생각하는 사람들이다.

미국의 경우도 마찬가지다. 2016~17년 미국 대선에서 민주당의 버니 샌더스^{Bernie Sanders} 돌풍, 공화당의 도널드 트럼프^{Donald Trump} 당선 이면에는 미국의 엘리트 정치에 대한 대중적 반감이 있다.

엘리트들이 권력을 독점하는 것에 대한 혐오와 반감은 좌파들에게서도 광범위하게 나타난다. 리처드 세닛^{Richard Sennett}은 특히 "다양한 이해관계가 밀실 협상을 통해 해소"[7]될 때 그렇다고 말한다. 즉 권력을 독점한 엘리트들이 반대파와 협상을 추구할 때 "꼭대기층과 하부 토대 사이의 연결이 끊어"[8]지게 된다. 이렇게 되면 하부는 엘리트들이 자신들을 대변한다고는 하지만 사실은 "자신들의 일차적인 문제를 별로 알고 있지 못하다"[9]고 느끼며 소외감을 가지게 된다. 그 결과 원한의 감정이 팽배해진다.

이런 엘리트주의에 대한 반감은 정치뿐만 아니라 지식인에 대한 광범위한 비토로 나타난다. 한국에서 '썹선비'라는 이름으로 지식인을 조롱하고, 상황을 장황하게 분석하고 설명하면 '설명충'이 되는 게 대표적이다. 말을 통해 세상에 개입하려는 진보 지식인들을 '입진보'라고 부르며 조롱한다. 그들이 생산하는 말을 믿지 않으며, 나아가 말 자체가 가진 힘을 불신한 결과다.

사실 정치와 지식 모두에서 많은 부분 스스로가 자초한 측면이 있다. 이 모두를 지배하고 있던 것은 '엘리트주의'다. 엘리트주의자들은 자신들이 지식을 독점하고 있다고 믿으며 '무식한' 백성들은 그들을 통하지 않고서는 자신을 대변할 수도, 대표할 수도 없다고 생각했다. '대의' 민주주의 자체가 엘리트들의 과두제적 성격으로 전환하며 반-민주주의적 성향을 갖게 된 것이다. 정치와 지식 모두 그들 내부에 속한 이너서클의 독점물이 되었고, 그 독점을 통해 그들은 권력을 다시 독점하고 재생산한다.

이것이 말로 이루어지는 정치와 지식 양자 모두에서 나타나는 반-정치의 정치, 반-지식의 지식이 급격히 대중화된 이유다. 이렇게 말이 불신될 때 호출되는 것이 '메시아'다. 어떤 초자연적인 힘을 가진 사람이, 혹은 역사 안에서 바랄 수 없는 어떤 기적 같은 일이 일어나 이 꽉 막힌 현실에 돌파구를 열어주기를 바란다. 이렇게 지푸라기라도 잡는 마음으로 '뜨는 정치인'에 열광하고 새로운 흐름에 헛된 기대를 가져보기도 한다. '기적'을 바라는 것이다.

이런 기적을 바라는 마음을 소위 '진보진영'에서도 잡으려고 한다. 그리고 그들은 헛된 기획을 도모한다. 자연스럽게 지지하고 응원하며 천천히 만들어가야 하는 일이 '바람(風)'이 되기를 바라는 헛된 마음에 무리를 하면서 흐름을 망가뜨리는 것이다. 대표적으로 "안녕들 하십니까" 대자보나 "가만히 있으라" 행진 같은 것에 대한 그들의 반응이다. 소박하게 시작했지만 사람들 사이에서 반향이 있었던 흐름을 '완전 새로운 일'로 포장해 어떻게든 '기획'해 보겠다고 나선다. 그런 말이 오히려 사람들을 팔꿈치로 밀어낸다. 좋은 바람이 불 때 그 바람에 맡기면 되는데 그 바람에 손부채질을 해 일을 망가뜨린다.[10]

그리고는 기대한 만큼의 '성과'가 나오지 않으면 곧 실망해서 다시 좌절한다. '성과'주의는 성과'주의'를 반대한다는 사람들 사이에서도 만연한 일하기 방식이다. 더구나 이 성과는 천천히 쌓아가는 성과가 아니라 한번에 뒤집어엎는 그런 성과를 말한다. 그렇게 한번에 뒤집히지 않으면 곧 실망하고 패배감에 쌓여 '아무것도' 안 한다. 그저 가만히 앉아 기다리며 새로운 바람이 불기만을 기대한다. 이 악순환이 무력과 무기력의 악순환에 이어 나타난다.

이들이 바라는 '한번에 뒤집는 것'이 무엇일까? 나는 얼마 전 한 선배와의 이야기에서 그 실체를 알게 되었다. 그는 매우 얌전하고 점잖고 점진적인 것을 추구하던 사람이었는데, 세월호와 그 이후 여러 가지 사건을 겪으며 '복수'하고 싶다고 말했다. 그리고 그 '복수'를 대신해줄 사람을 정치적으로 지지하겠다고 했다. 이 사회는 점진적으로 바뀔 가능성이 없기 때문에 사회를 이 지경으로 만든 사람들에게 먼저 복수하고 싶다는 것이다. 그의 말에서 나는 바뀌는 것이 불가능하다는 절망감에서 만들어지는 정치적 감정은 원한과 보복이라는 걸 알게 되었다.

예외가 정상을 대체하다

전 지구적으로 과격한 정치인이 등장하고, 소외받은 계층들이 그들에게 열광적인 지지를 보내고 있다. 미국에서는 2016~17년 대선에서 트럼트가 돌풍을 일으키며 당선되었고, 필리핀에서는 범죄자와 범죄조직을 모두 다 사형시키겠다던 정치의 '아웃사이더' 두테르테가 대통령에 당선되는 일이 일어났다. 필리핀을 정신적으로 지배하는 가톨릭교회가 공개적으로 반대했음에도 절대다수의 빈민들이 그를 지지한 것이다.

필리핀에서 살았던 경험으로 말하면 빈민들은 부패와 범죄에 지쳤을 것이다. 정치는 그들의 삶의 문제를 하나도 해결하지 못했다. 필리핀의 민주화를 이끈 아키노와 그의 아들도 해결하지 못했고, 부패와 싸우는 국민적 영웅 이미지를 가지고 있던 영화배우 출신 대통령도 해결하지 못했다. 그의 부패에 맞서 광장에서 대통령 취임 선서를 했던 아로요는 기가 막히게도 더 부패한 정치인이 되었다. '어떤' 정치인이 아니라 '정치권' 자체가 빈민들과 그들의 삶을 정치에서 소외시킨 것이다. 그 과정에서 필리핀 민중들의 삶은 이전보다 더 큰 부패와 범죄에 노출되었다. 그들은 이 상황을 일거에 뒤집어엎을 과격한 '메시아'를 바랐을 것이고 두테르테는 거기에 부응해 대통령에 당선되었다.

트럼프와 투테르테는 반-정치의 정치가 어떻게 정치권에 진입하는지를 잘 알게 해준다. 그 반-정치의 정념이 원한과 복수라는 것 역시 분명하게 보여준다. 정치와 사회에 대해 국민들은 원한을 가지고 있고, 그 원한을 복수로 풀고 싶으며, 그 대리인이 될 만한 사람이 나타나자 정치적으로 열광하는 것이다. 그 과정에 '절차'는 아무런 의미도 없다. 오히려 그 '절차'야말로 그들을 정치로부터 소외시키고 문제를 해결하지 못하게 한 주범이다. 그렇기에 그들은 현재의 정치를 중지시키고 예외를 선포해서 정치판 자체를 '리셋'하는 반-정치인을 택한 것이다. 내가 말하고자 했던 '세상을 리셋하고 싶은 마음'의 정치적 형태가 이렇게 나타난다.

한국에서도 이런 흐름이 가시화되고 있다. 그중에서 주목할 만한 것은 엄벌주의의 등장이다. 사람들은 사건이 벌어질 때마다 '엄벌'을 주장한다. 지금의 처벌이 약해서 범죄가 끊이지 않는다고 말한다. 그래서 '예외적 조치'를 요구한다. 범죄인은 아직 그 죄가 확정되지 않아도 흉악범일 경우 얼굴과 이름을 공개할 수 있게 되었다. 예외적 조치다. 테러에 대한 공포는 예외적으로 시민의 기본권을 제약하는 조치를 취하는 테러방지법이 입법되도록 했다. 예외적인 법이다. 『단속사회』에서도 말했듯 이렇게 예외가 정상을 대체한다. 이것을 정당화하는 것이 바로 원한과 복수의 정념이다.

원한, 복수, 리셋의 카니발리즘

리셋과 혁명은 다르다. 순전히 이념형적인 측면에서 볼 때, 혁명가들이 민중 혹은 민족에 대한 사랑을 이야기한다면 리셋은 철저한 파괴를 주장한다. 혁명이 '천년왕국'적이라면 리셋은 '허무주의적 종말론'에 가깝다. 그 이후에 새로운 사회가 도래하는 것이 아니라 이 상황의 순수한 파괴에 몰두하는 것이 원한과 복수의 정념에 사로잡힌 리셋이다. 혁명이 하나의 '역사성'으로서의 계급투쟁을 꿈꾼다면 리셋은 역사 그 자체의 종식을 원한다. 이 차이를 분명히 하면서 리셋의 혁명적 측면을 바라봐야 한다.

그러나 현실적으로는 리셋을 꿈꾸는 사람들도 역시 '부수적'[11]으로(혁명에서는 이것이 부수적인 것이 아니라 핵심적인 것이다.) 리셋 이후 문제가 해결되기를 바란다. 그러나 역사의 경험은 그것이 불가능하다는 것을 우리에게 알려준다. 필리핀의 경우도 예외는 아니다. 두테르테는 자신이 집권하면 경찰과 군대를 동원해 마약범죄자들과 폭력조직을 소탕하겠다고 말했다. 그러나 필리핀의 경찰과 군대는 그 범죄와 폭력, 그리고 부패의 거대한 고리의 일부, 아니 핵심을 차지하고 있다. 경찰과 군대를 통해 결코 소탕할 수 없다는 의미다. 그 과정에서 제거되는 것은 부패와 범죄 고리의 외부나 하부에 있는 '잔챙이'들뿐이다.

필리핀의 가혹한 범죄 소탕 과정을 통해 사람들은 뭔가 대단한 것이 바뀐다고 생각하며 카타르시스를 느끼지만 실상 바뀌는 것은 하나도 없다. 오히려 현실은 더 비참해진다. 과거에는 복수에 뒤이어 '부수적'으로 이 비참한 현실이 끝날 것이라는 '희망'이라도 있었지만, 이제는 현실의 고통 위에 상상할 수 있는 것이 사라져버리는 고통까지 얹히기 때문이다. 새로운 질서는 도래하지 않았고, 동일시할 상상은 발동할 수 없으며, 삭막한 사막으로서의 실재만이 눈앞에 펼쳐진다.[12] 리셋을 주도하는 일부 근본주의자들을 제외하고 이 고통을 외면하는 유일한 길은 잔챙이들이 처벌되는 것에 열광하며 괴물 사냥에 전념하는 것이다.

나는 IS가 계속해서 참수와 잔인한 살인을 일삼는 데는 이런 이유도 있을 것이라고 본다. 한편에는 잔혹한 살해를 통해 공포정치를 유지하려는 목적이 있을 것이다. 죽일 수 있는 권력을 공개적으로 드러냄으로써 권력의 현존을 보여주는 것이다.[13] 그러나 이슬람 종말론으로써 IS는 이런 순수한 파괴 자체가 종말을 앞당기는 일이라고 생각할 것이다. 마치 일본의 옴진리교가 그랬듯이 말이다. 반면 대중들의 입장에서는 그들이 혁명 이후 향유할 수 있는 것이 이것밖에 없다. 더 이상 새로운 것은 없는 상황에서 현실의 고통을 이기는 유일한 방식이 바로 이런 '카니발리즘'인 것이다.

저들에 대한 원한이 아니라 '인민에 대한 사랑'에 기반을 둔 혁명에서도 그 양상은 비슷하게 나타난다. 이러한 혁명에 대해 주목할 만한 주장을 펼친 철학자가 있다. 이종영은 "혁명 그 자체는 매우 제한된 문제만을 해결할 수 있다" "혁명으로써는 결코 해결될 수 없는 수많은 문제들이 있다는 것은 명백하다"라고 말한다. 그는 혁명을 "하나의 사건이자 급격한 단절"로 보는 알랭 바디우[Alain Badiou]의 견해에 반대하며 "혁명의 실재는 단절이 아니라 오히려 연속성에 의해 특징지어진다"고 주장한다. "혁명이 일어나면 세상이 변할 줄 알았는데, 거의 모든 것이 과거와 마찬가지로 지속"되는 것이다. 이것을 그는 "혁명의 실재는 혁명의 판타즘phantasm의 실추"라고 부른다. 알제리 혁명이 대표적이다. 알제리 혁명을 통해 바뀐 것은 사회가 아니라 지배자일 뿐이다. "혁명투사들은 '혁명의 실재' 속에서 권력을 향유하는 특권계급으로 다시 등장"하여 "알제리 '혁명'은 혁명이 아니라 식민지배자의 자리를 민족부르주아가 대체"한 것뿐이다. 따라서 혁명 이후 민중들은 '판타즘'의 파괴라는 고통을 겪게 된다.[14]

이종영은 이 상황을 견디게 하는 새로운 판타즘, 혹은 상상으로서 '혁명의 흉내'가 있다고 말한다. 혁명 이후의 허무감과 패배감을 견디는/외면하는 방식으로 지속적으로 혁명이 일어나고 있다는 착각, 도취를 일으키는 '혁명의 흉내'가 있다는 것이다. 그가 이 혁명의 흉내의 대표적인 사례로 거론하는 것이 중국의 문화대혁명이다. 이런 "혁명의 흉내는 혁명의 이름으로 혁명을 억압하는 것"에 불과하다. 이런 점에서 그는 문화대혁명이 "모두가 반혁명적이었던 국가의 지배기능 담당자들 사이의 권력정치의 한 귀결이었을 뿐"이라고 말한다.[15]

두 번의 혁명[16]

이 난관을 돌파하기 위해 이종영이 제안하는 것이 혁명을 두 번의 과정으로 바라보는 것이다. 하나는 우리가 흔히 혁명이라고 말하는 그 혁명이다. 그리고 그 혁명에 뒤이은 두 번째 혁명이 있다. 혁명의 판타즘이 붕괴하고 난 다음 "혁명의 실재 속에서 새롭게 시작하는 혁명"이다. 앞의 혁명이 사건으로서의 혁명이라면 뒤의 것은 과정으로서의 혁명이라고 그는 말한다. 앞의 혁명을 혁명 I, 뒤의 것을 혁명 II라고 부른다. 그러나 그의 논의에서 내가 주목하는 부분은 혁명을 두 개로 나눈 것이 아니라 이 혁명의 관계에 대한 것이다. 시간적 순서로 보면 혁명 I이 혁명 II에 선행한다. 그러나 혁명 I이 혁명이기 위해서도, 그리고 뒤이어 혁명 II가 나타나기 위해서도 "혁명 II가 혁명 I에 앞설 수도 있다"고 말하는 점이다.

그는 혁명 I에 앞서는 혁명 II의 예로 이스라엘의 키부츠나 미국의 아미시 공동체, 파업과 공장점거, 노동자평의회 등을 든다. 이런 공간들이 노동과 정치를 결합시켰다는 점에서 그렇다. 그는 이 혁명 I에 선행하는 혁명 II의 과정 속에서 보편적 개인들이 탄생한다고 말한다. 새로운 주체형식이다. 이 보편적 개인들은 물론 '섬들'과 같은 존재다. 하지만 이 섬들에 기반을 두고 혁명 II가 지속되고 혁명 I의 계기가 만들어진다고 말한다.

그가 말하는 것을 비유를 통해 좀더 쉽게 설명해보자. 혁명 I이

예수의 재림을 의미하고 혁명 II가 천년왕국을 의미한다면 천년왕
국은 예수의 재림 이전에 존재해야 한다는 것이다. 그렇지 않으면
예수가 재림했을 때 그가 재림했다는 것을 알아챌 수 있는 사람이
아무도 없을 것이기 때문이다. 또한 재림을 알아채지 못한 사람은
도래한 천년왕국을 살아갈 새로운 주체라고 볼 수 없다. 혁명을 이
끌었지만 옛 주체였던 모세마저 가나안 땅으로 들어가지 못한 것
과 같은 이치다. 새 술은 새 부대에 담아야 한다. 그러기 위해서는
혁명 I이 일어나고 이어 혁명 II를 맞이하고 일으키기 위해서는 그
전에 미리 부분적으로라도 혁명 II를 살아갈 주체가 마련되어 있어
야 한다는 것이다.

　가톨릭운동에서 '하느님 나라의 부분적 선취'라고 부르는 이 공
간이 바로 교회다. 이종영이 '보편적 개인들'이라고 부르는 것처럼
교회 내의 신자들은 철저히 평등하다. 교인들은 서로를 "특정한 외
적 규정성으로 환원"하지 않고 "개인 그 자체로 대하는 태도"를 가
진다. 그가 그리스도교 교인이라는 것을 제외하고 나머지는 아무
것도 중요하지 않고 중요해서도 안 된다. 그것이 원론적인 교회이
다. 이 교회를 통해 사람들은 하느님 나라를 미리 경험하고 하느님
나라의 백성으로 미리 살아간다. 하느님 나라의 부분적 선취인 이
교회가 '미리' 있어야 예수의 재림 이후를 살아갈 수 있는 것이다.

　이 하느님 나라의 부분적 선취인 교회에서 사람은 오로지 그 사
람으로서 대접받고 환대받는다. 오로지 그 사람을 그 사람으로 대

접한다는 것은 그를 내 뜻대로 움직이겠다는 것을 포기하는 것이다. 장폴 사르트르Jean-Paul Sartre가 말한 것처럼 한마디로 말해 타자란 "내 뜻대로 안 되는 존재"[17]다. 우리는 사랑을 하면서, 사람을 가르치면서, 또 자식을 낳아 기르면서 이것을 확실히 깨닫는다. 내 뜻대로 안 된다는 것 말이다. 그리고 나를 다시 타자로 만난다. 그렇게 내 뜻대로 안 되는 것을 받아들이지 못하는 내 마음이 또 내 뜻대로 되지 않는다.

그러나 이 뜻대로 될 수 없음은 절망이 아니다. 내 뜻대로 되지 않는다는 걸 깨달으면서 사람은 성장해 가기 때문이다. 나 자신을 포함해서 타자를 타자로 받아들이기 시작하는 것이다. "내가 존중받기 위해 타자를 존중"하는 게 아니라 "타자의 존재 자체가 존중을 요청"한다. 타자란 "결코 나에게 종속될 수 없는 하나의 '자유'로 내 앞에 서 있기" 때문이다.[18] 바로 이 자유로 존재하는 타자가 "그 자신의 '자유'의 존엄성으로 인해 오히려 나의 '자유'를 깨닫게 해준다"[19]는 것이다.

미리 살아본 자만이 '이후'를 산다

혁명과 달리 리셋은 불신의 산물이다. 이들은 세상의 변화 가능성을 믿지 않는다. 누구보다 강력하게 세상이 바뀌어야 한다고 말을 하지만 실제에 있어서는 그 변화 가능성을 믿지 않는다. 설혹 믿었던 적이 있었다고 하더라도 철저히 그 믿음이 깨지는 경험만 이 남았을 뿐이다. 나는 한국에서 이 믿음이 철저히 깨지는 경험의 시작이 광우병 사태 때의 경험이라고 생각한다. 사람들을 만나보면 이때의 경험이 거의 집단적인 트라우마가 되었다는 것을 알 수 있다.

이종영의 이야기를 끌어 온다면 이들이 세상의 전환 가능성(혁명 I)을 믿지 않는 것은 그것(혁명 II)을 실제 살아보지 못했기 때문이다. 앞에서 이야기한 대로 우리는 가정에서도, 직장에서도, 학교에서도 개별적이며 보편적 인격체로서 존중을 받아본 경험이 거의 없다. 내 말이 경청되고 다른 사람의 말을 경청해본 경험도 거의 없다. 말이 묵살되고 조롱당하는 경험만 있다.

그렇기에 우리는 여기서 역설을 하나 만나게 된다. 미리 경험해본 자만이 '이후'를 준비할 수도 있고, 맞이할 수도 있고, 살아갈 수도 있다는 점이다. 살아보지 않은 자는 살아갈 수 없다. 살아봄의 경험이 선순환을 만들 수도 있고, 살아보지 못함의 경험이 완전히 패쇄적인 악순환의 고리로 빠지게 할 수도 있다. 따라서 한국 사회의 '전환'의 가능성은 어떻게 하면 우리가 이 '이후'를 미리 살아볼 수 있는가 하는 데 달려 있다.

우리가 스스로의 절망에 빠지지 않기 위해서는 울부짖고 슬퍼서 가슴을 치면서도 서로에게 말을 걸지 않으면 안 된다.[20] 말이 되지 않는 말의 덩어리에서 말을 건져내고 그 말을 매개로 다시 말과 말을 연결하는 과정을 통해서 우리는 개와 늑대의 시간에서 인간의 시간으로 되돌아올 수 있을 것이다. 들을 수 없는 고통의 소리를 듣는 짐승의 귀와 그 고통에 말을 건넬 수 있는 인간의 입을 가진 인간의 시간 말이다.

여전히 나는 가르치고 배우며 사람을 만나는 일에서 '가까스로' 이런 가능성을 본다. 앞에서 이야기한 세월호 사건을 겪으며 위로의 불가능성에 절망한 학생의 이야기다. 사람과 사람이 만날 수 있는 가능성이 닫힌 상태가 영원히 계속될 것이라 생각하던 이 학생에게 한 소설이 그 문을 열어주었다고 한다. 박민규의 『아침의 문』이다. 자살하려던 한 남자가 건너편에서 원하지 않은 임신을 한 여성이 아기를 낳고 있는 장면과 마주치게 된다. "이곳을 나가려던 자와 그곳을 나오려던 자는 그렇게 대면"한다.[21] 자살을 시도하던 남성은 건너편 건물로 올라가 버려진 아기를 안고 울지 말라고 달랜다. 이 학생은 이 소설을 읽고 '위로'를 받았다고 말했다. 인간에게 허락되지 않았던 그 '위로'를 말이다.

그리고 또 다른 위로가 나타났다. 그의 글을 읽으면서 글의 무가치함에 대해 허무해하던 내가 위로를 받았다. 그의 이야기는 말과 글의 가능성을 다시 생각하고 이 글을 쓸 수 있게 한 '기쁜 소식'이었다. 또 학생들이 수업 시간에 이 이야기를 같이 읽고 토론하면서 공부의 기쁨이란 바로 이런 가능성의 발견이란 생각을 하게 되었다.

물론 우리는 이런 가능성을 낭만화해서는 안 된다. 이런 만남의 가능성은 대부분 일시적이고 임시적이며 지나간다. 지배 자체가 종식되지 않는 한, 아니 지배가 종식된 체제 혹은 제도가 등장하지 않는 한 이런 만남은 지속되지 않는다. 이 학생과의 만남도 '환상적인' 그 순간이 지나면 다시 가르치는 자와 배우는 자라는 평범한 비대칭적 권력관계로 돌아오게 된다. 그 순간을 가지고 그 학생과 나, 그 학생과 다른 학생 사이의 관계 전체를 낭만화해서는 안 된다. 그건 정신승리에 지나지 않는다.

그럼에도 불구하고 우리가 여기서 발견하는 것은 '가능성'이다. 그리고 이 가능성은 고통으로 가득 찬 이 세상 한가운데에서 이 학생이 한 질문, 즉 고통이 끝나지 않는 시대에 우리가 무엇을 소망해야 하는지에 대해 말해준다. 그것은 일본의 사상가 사사키 아타루佐々木中가 말한 것처럼 여전히 읽고 말하고 침묵하고 쓰면서 세계를 대면하는 일이다.[22] 아니 더 정확하게 말하면 세계를 대면하는 글을 읽고 쓰고 침묵하고 말하는 것이다. 그 불가능한 것을 대면함으로써 가능성을 발견하는 기쁨이 단지 덜 괴로운 것에 머무는 곳에서 우리 삶을 구원할 것이다.

3장
다시 함께하는 삶으로

나는 3부 1장에서 우리가 안전을 도모하기 위해 공동세계로부터 급속히 후퇴하고 있다고 말했다. 공동세계에 참여하는 것이 위험해지면서 사람들은 자기를 단속하며 공동세계에 자신을 드러내지 않으려고 한다. 사회적 활동 대신 가급적 사적인 공간으로 물러나 혼자 있거나 아주 친밀하고 안전한 관계에만 머물려고 한다. 안전한 관계를 요구하고 만드는 대신에 안전한 관계를 '찾아' 그 안에 웅크리려고 하는 것이다.

이런 과정이 가진 가장 큰 문제는 우리가 이미 '공동'의 세계에 있으며 다른 누군가의 협력으로 존재하고 살아가고 있다는 것을 망각하게 된다는 것이다. 사적인 관계로 물러나고, 가급적 접촉을

줄이면서 '혼자' 있으며 '홀로' 있을 수 있다는 착각에 빠지게 된다. 사실 인간은 '홀로' 있는 순간조차 다른 사람을 떠나 홀로 있는 것이 아니다. 나를 홀로 있을 수 있게 하는 다른 사람의 협력-때로는 도움, 때로는 착취-을 통해서만 홀로 있는 것이다. 협력이 없는 홀로란 존재하지 않는다. 그 홀로는 다른 사람의 협력에 대한 망각일 뿐[1]이다.

이 '홀로'와 관련된 로마시대의 재밌는 이야기가 있다. 철학자들이 자기 혼자 산책하고 명상했다고 할 때 그는 결코 홀로 있지 않았다. 그를 시중들기 위해 많은 하인들이 그를 따르고 있었다. 그럼에도 그는 그들이 존재하지 않는 것처럼 느끼고 행동했다. 그들은 자신이 의식하고 존중해야 하는 '사람'이 아니라 자기를 위해 존재하는 도구, 즉 '노예'였기 때문이다. 그렇기에 그들은 자신을 위해 노동하는 노예들의 존재를 무시하고 '홀로' 있을 수 있었다.[2]

듀이는 "어떻게 개별자들이 서로 연합하게 되는가를 묻는 것은 무의미"하다고 했다. 개개의 존재들은 "이미 연합 속에서 존재하며 움직"이고 있기 때문이다. 그는 "개개의 단독적인 것이 행동하지만 그럼에도 그들은 연합 속에서 행동한다." "완전한 고립 속에서 행동하는 것은 아직 발견된 적이 없다"며 '함께 있음'along with을 강조한다. 따라서 그는 "어떻게 단독적인 존재들이 서로 연관되게 되었는가?"를 물을 것이 아니라 "어떻게 인간들이 '그런 독특한 방식으로' 연관"되게 되었는지를 물어야 한다고 말했다.[3]

그의 질문을 이어받아 우리는 이런 질문을 던져야 한다. 우리가 물어야 하는 것은 이 시대에 우리가 어떻게 홀로 되었는지가 아니다. 우리는 어떻게 다른 사람의 협력과 연합을 망각하고 '홀로'라고 착각하게 되었는지를 물어야 한다. '홀로'를 가능하게 한 타인의 존재와 그들의 '협력'을 망각하면서 우리는 '홀로' 존재하고 있는 것이다. 그러므로 공동세계에서 물러난다는 것은 가능하지 않다. 가능한 것은 나를 공동세계에서 물러날 수 있도록 하는 공동세계다.

과거에 이 공동세계가 노예제였다면 지금은 소비자본주의다. 노예제에서 타인의 존재를 망각하고 '홀로'를 가능하게 했던 것이 그들이 사람이 아닌 '노예'라는 사실이었다면, 지금 사회에서 그것을 가능하게 하는 것이 '소비'다. 우리는 우리를 홀로 있을 수 있게 하는, 공동세계로부터 물러날 수 있도록 하는 타인의 협력을 상품의 형태로 산다. 집안일을 대신하는 가사 노동자를 고용할 수 있다. 나에 대한 전념을 방해하는 일체의 일상적이고 자질구레한 일들을 다 '외주화'할 수 있다.[4]

이처럼 타인의 협력은 협력이 아니라 그 협력을 구매할 수 있는 개인의 '능력'이 된다. '일상의 외주화'를 통해 내 삶을 꾸려나가기 위해 필요한 타인의 협력이 상호호혜적인 활동이 아니라 구매할 수 있는 상품이 됨으로써 홀로 있음은 협력(물론 이 협력은 배려일 수도 있고 착취일 수도 있다.)의 산물이 아니라 능력의 문제가 된 것이다. 타인의 협력을 자신의 능력으로 바라봄으로써 사람들은 철저히 타인의 협력에 대해 무시하고 망각할 수 있게 되었다.

우리는 타인과의 협력으로 나도 타인도 홀로 있을 수 있는, 홀로 있는 것을 가능하게 하는 공동세계를 지으려고 노력하는 대신 그 조건들을 돈으로 산다. 협력은 구매 가능한 것이 되었다. 그렇기에 홀로 있음은 능력의 문제가 되었으며 소비를 통해 가능해진다. 소비의 능력이 협력의 능력을 대체하게 되었다. 협력하며 애써 노력하는 대신에 돈으로 사서 빠르게 소비하는 게 가장 간단하고 깔끔하며 편리한 방식이다.

먹고사니즘을 넘어서

모두가 소비자이기만 하지 공동세계의 협력자가 아닌 모습을 한 약사의 고민으로부터 알게 되었다. 그는 그저 돈 잘 버는 약사가 아니라 지역 사회에 공헌하고 마을을 만들어가는 약사가 되고 싶었다고 했다. 그래서 그는 자신의 약국에 장애인을 고용했다. 쉽지 않은 결정이었지만 장애인에게 노동의 기회를 주고 활동할 수 있는 장을 제공하며 더불어 사는 마을을 만드는 데 기여하고 싶었기 때문이다.

그러나 그는 곧 지역 사회의 주민이기도 한 환자들, 즉 자신의 고객들로부터 심각한 항의를 받게 되었다. 고용된 노동자는 지체 장애가 있기 때문에 셈이 느리고 약간의 자폐가 있어 사람과 눈을 마주치지 못했다. 그러자 환자들, 고객들의 불만이 터져 나왔다. 약사는 워낙에 친절하고 복약 지도를 상세하게 하는 사람이라 인기가 높았다. 다른 약국이 기계적으로 대꾸하는 것도 환자들의 고통과 고충을 다 듣고 난 다음에 더 설명했다. 그래서 환자들은 약사 당신은 자신들이 존경하고 좋아하는 사람이지만 그 직원 때문에 이 약국을 오기가 싫다고 말했다. 빨리 빨리 처리도 못하고 친절하지도 않아서 다른 약국으로 옮기게 된다면서 그 직원을 교체하라고 압력을 가했다.

그는 나에게 자기가 어떻게 하면 좋겠냐고 물었다. 해고를 할 수도 없고, 그렇다고 그 장애인을 계속 고용할 수도 없는 난감한 처지가 된 것이다. 그는 자신의 치기어린 생각이 장애인에게도 상처가 되고, 고객들에게는 불편을 끼치고, 자기 자신은 위축되는 결과를 낳았다고 후회했다. 공연한 짓을 했다는 것이다. 남들 하는 것처럼 하면 되는데 괜히 더 잘하려고 하려다 모두를 '위험'에 빠뜨린 셈이라는 것이다.

물론 그에게 어떻게 하라는 답을 주지는 못했다. 하지만 그가 처한 상황은 이 시대에 사람과 사람이 어떻게 교류하고 협력하고 연합하고 있으며 어떤 연합이 불가능한지에 대해 중요한 단서를 제공했다. 그래서 나는 그에게 이 일을 우리가 어떻게 바라볼 수 있는지, 그리고 이 일을 통해 우리가 한국 사회에 대해 어떤 앎에 도달할 수 있는지에 대해 아렌트의 『인간의 조건』을 바탕으로 이야기해주겠다고 말했다.

잘 알려진 대로 아렌트는 『인간의 조건』에서 인간의 '활동적 삶'을 세 가지로 구분한다. 첫 번째는 노동이다. 노동은 우리가 생존을 위해 필수적으로 수행해야 하는 일이다. 노동을 통해 자연을 변형하고 자연으로부터 소산물을 얻어 그걸 먹고 자기를 보호하며 살아간다. 생존을 위해 하는 일체의 육체적 행동이 바로 노동이다. 이런 노동은 필연성의 원리에 따라 움직인다고 아렌트는 말한다. 한마디로 말해서 하지 않으면 죽는다.

이 노동은 자본주의 사회가 되면서 사고파는 상품이 되었다. 그래서 우리가 먹고살기 위해서는 반드시 노동을 팔아야 한다. 노동을 팔 수 없는 사람은 이 사회에서 근본적으로 배제된다. 팔 수 있는 노동의 기술을 배우고 익히는 것은 이 시대를 살아가는 데 있어 필수적이다. 따라서 이 약사가 장애인에게 노동의 기회를 제공한 것은 그가 사람이 되는 데 결정적이고 필수적인 조건을 제공한 것이다.

두 번째로 아렌트가 인간의 조건으로 말하는 것은 작업이다. 작업은 단지 먹고살기 위해서 반드시 해야만 하는 수준을 넘어선다. 노동과 달리 작업은 이데아와 관련되어 있다. 노동을 통해 만들어지는 것이 일종의 '생필품'이라고 한다면 작업을 통해 만들어지는 것은 '작품'이다. 작품에는 어떤 영속적인 것이 들어가 있다. 생필품처럼 소모하고 나면 없어지는 것이 아니라 이상적인 것이라고 볼 수 있는 어떤 것을 지향하고 그게 들어가 있는 게 작품이다. 이 작품을 만드는 행위가 바로 작업이다.

예를 들어 보자. 내가 책을 쓰는 것은 먹고살기 위해 하는 노동이다. 이 노동을 통해 나는 돈을 벌고 그 돈으로 먹고사는 데 필수적인 것들을 산다. 그러나 내가 쓴 책이 그저 상품이 아니라 작품이 되기를 나는 바란다. 책을 쓰는 동안 나는 자연스럽게 "글이란 무엇인가?" "책이란 무엇인가?" "지금 시대에 어떤 글이 필요한가?" 등등의 질문을 던진다. 책과 글, 글쓰기의 본질, 즉 이상을 지향하는 이 활동이 바로 작업이 된다.

약사는 장애인을 고용하는 것을 통해 그의 약국이 먹고살기 위해 돈을 버는 노동의 공간이 되는 것을 넘어 작업의 공간이 되기를 바랐다. 그래서 그는 보다 세심하게 환자의 고통을 듣고, 그에 걸맞는 복약 지도를 한다. 이것은 단지 '친절한 약사'가 되겠다는 것을 넘어서는 일이다. 그는 '친절한' 약사가 아니라 약사의 이데아에 다가서기 위해 노력했다. 또한 장애인을 고용한 것은 지역 사회에서 이상적인 약국이란 무엇인지에 대해 고민한 결과다. 따라서 장애인에게 약국이 노동의 공간이라면 약사에게 이곳은 노동의 공간이자 동시에 작업의 공간이다.

마지막으로 아렌트는 인간의 조건으로 행위^{action}를 말한다. 그가 말하는 행위는 노동의 필연성이나 작업의 도구성을 넘어선다. 한 마디로 말해 행위는 사물과 사람 간의 관계가 아니라 사람과 사람 간의 관계이며, 이 책에서 내가 쓰는 말대로 하면 공동세계를 짓는 활동이다. '공동의 노력으로 공통의 것'을 만들어가는 과정이 바로 행위다. 이 행위에서 결정적으로 중요한 것이 말이다. 공동세계는 말을 통해 짓는다. 아렌트는 "말을 통해서만 행위는 적절한 것"이 되며 "말 없는 행위는, 행위하는 주체가 없기 때문에 더 이상 행위 가 아니"라고 말한다. "행위자는 그가 동시에 말의 화자일 경우에 만 행위자일 수 있다."[5]

이것을 나의 경우에 대입해보면 그 의미를 금세 알 수 있다. 내가 강의를 하는 것은 물론 노동 행위다. 돈을 벌기 위해 강의를 한다. 그러나 또한 나는 내 강의가 학생들에게 유용한 강의가 되기를 기대한다. 그런 유용함을 확인하면 잘 된 강의라고 생각하고 기뻐한다. 강의를 하나의 작품으로 여기는 것이다. 이런 점에서 강의는 작업이기도 하다.

강의를 할 때 나는 여기서 한 걸음 더 나가고 싶어한다. 강의가 학생과 나, 학생과 학생 사이에 공동의 노력으로 공통의 것을 만들어가는 과정이 되기를 바란다. 내 강의를 소비하거나 배우는 것을 넘어 학생들이 내가 하는 강의에 참여하기를 바란다. 이렇게 되면 이 강의는 더 이상 '내' 강의가 아니라 '우리'가 함께 만드는 강의가 될 수 있다. 즉 강의실이 일시적일지라도 서로의 협력을 통해 공동세계가 되기를 기대한다. 이 경우에 내가 학생들에게 기대하는 것이 '협력'이며 이 공동세계를 짓는 데 강사로서 나에게 가장 필요한 것이 학생들의 협력을 이끌어내는 나의 기술이 된다.

공동세계를 만들어가는 행위는 또한 참여자의 주체화 과정이기도 하다. 아렌트는 "사람들은 행위하고 말하면서 자신을 보여주고 능동적으로 자신의 고유한 인격적 정체성을 드러내고 인간세계에 자신의 모습을 나타낸다"[6]라고 말한다. 그는 이것을 말과 행위가 가진 "주체를 계시하는 능력"[7]이라고 말한다. 즉 행위를 통해서 인간은 비로소 고유한 자기 자신으로 나타날 수 있으며 새로운 것을 시작할 수 있다.

약사가 장애인을 고용하여 도모하고자 한 것이 바로 이런 공동세계를 짓는 행동이다. 그는 장애인이 단지 노동을 통해 먹고사는 문제를 해결하게 되는 것만을 바라지 않았다. 또한 자신의 약국이 작업의 공간을 넘어 지역 사회의 사랑방 같은 역할, 사람과 사람이 섞이고 교류하며 서로의 고통을 나누고, 자신의 병과 지역에 대해 말하고 행동을 도모하는 공간이 되기를 바랐다. 약국이 행위의 공간이 되기를 바란 것이다.

약국이 공동세계가 되기 위해서는 약사와 노동자, 그리고 환자 모두 공동의 노력이 필요하다. 특히 환자들의 말과 행위가 있어야 한다. 환자로서 고통을 호소하거나, 고객으로서 친절함과 신속함을 요구하는 것을 넘어서는 행위가 공동세계의 협력자로서 그들이 해야 하는 활동이다. 예를 들어 그 장애인 노동자에게 빨리 하지 않아도 되니 천천히 하라고 말을 한다거나, 뒤에서 속도가 느리다고 투덜거리는 사람에게 "오늘 날씨 참 좋지요?"라고 말을 건네거나 혹은 "저는 바쁘지 않으니 정 바쁘시면 먼저 하세요"라고 말하는 것, 이것이 바로 약국을 공동세계로 짓는 협력이다. 이를 통해 약국은 약사와 노동자의 노동의 공간, 약사 자신의 작품의 공간을 너머 '공통의 것'으로서의 공동세계가 된다.

이 약사가 처한 문제는 바로 여기서 생겨났다. 환자들이 공통의 것을 만들기 위한 공동의 노력을 하는 대신에 고객이라는 소비자로 머물려고 하는 한, 약사가 아무리 새로운 시도를 한다고 하더라도 이 약국은 그저 약을 사고파는 노동의 공간으로 그치게 된다. 이는 약사의 친절함과 노동자의 신속함을 소비하고 싶어하는 것이지 공동세계를 짓고자 하는 약사의 노력에 대한 협력이 아니다. 소비자들의 세계에서 사라진 것이 바로 이런 협력이다.

협력의 성과를 내라?

협력을 망가뜨리고 있는 것이 하나 더 있다. 바로 협력에 대한 오해다. 협력이 교육을 통해 육성해야 하는 어떤 능력이 되면서 협력이 공동세계를 짓는 기쁨이 아니라 억지로 함께 해야 하는 고통이 되어버렸다. 협력을 강조하고 교육하면 할수록 협력을 혐오하고 차라리 혼자 하겠다는 경향이 나타나고 있다. 이것은 협력의 기술이 부족해서 벌어지는 일이기도 하지만 협력을 강조하는 교육이 협력에 대해 무지하기 때문에 벌어지는 일이다.

대표적인 것이 학교에서 하는 '팀플레이' 같은 수행학습이다. 가르치는 이들은 최근 함께 배우고 함께하는 것을 선호한다. 그래서 대학에서 조별 과제를 주고 평가하는 일이 많아졌다. 학생들은 교수는 조별 활동을 통해 협력이나 협업의 기술을 배우라고 말하지만 자기들이 경험한 것은 '인간에 대한 환멸'이라고 말한다. 조별 과제를 통해 협력의 기술이 늘어나는 것이 아니라 무임승차하는 사람들에 대한 불만과 그 사람들에 의해 '도매금'으로 자기가 왜 피해를 받아야 하는지 항의하는 것이다.

이들의 항의에는 일리가 있다. 가르치는 이가 '협력'을 강조하지만 실제 일이 진행되는 과정은 협력이 아니라 분업인 경우가 훨씬 많다. 이렇게 하나 저렇게 하나 점수를 받기 위해서는 성과를 내야 한다. 빠른 시간에 가장 효율적으로 일을 처리하는 '협력'이 바로 '분업'인 셈이다. 모여서 어떻게 일을 나눌 것인지를 토론하고 그 토론에 기초해서 일을 나눈다. 실제로 일을 진행하는 과정에서 소통이나 토론은 없다. 각자가 맡은 일을 끝내기만 한다. 그리고 각자가 한 일에 대해 각각 평가를 받고 각자 책임을 지는 것으로 '협력'을 끝낸다.

이런 협력은 공동의 노력을 통해 공통의 것을 만들어간다는 의미에서의 협력이 아니다. 그냥 사적인 노력으로 그 노력의 결과를 사적으로 전유하는 행위의 기계적 연결에 불과하다. 분업이 협력을 대체하게 된 것은 이 전체 과정이 결국은 성과를 내야 하고 그에 따라 평가를 받는 성과주의 때문이다. 협력의 기술을 키운다고 하지만 정작 협력을 보는 게 아니라 그 결과 '물'을 보기 때문에 성과를 내는 것이 더 중요하다.

이렇게 성과를 중심으로 협력을 바라보기 때문에 성과를 내야 하는 과정에서 분업은 제대로 이루어질 수 없으며 협력의 과정은 파괴된다. 성과를 내야만 살아남을 수 있다는 강박 때문에 주로 성과를 낼 수 있는 '유능한' 사람에게 일이 몰리고, 나머지는 무임승차하는 경우가 허다하기 때문이다. 따라서 책임감이 강하거나 성과를 내야 하는 사람이 '독박' 쓰는 경우가 많다. 이 과정에서 '무임승차자'에 대한 혐오와 '협력'에 대한 환멸이 생기고 이 경험이 쌓일수록 세계의 공동성과 공통성은 불신 당한다.

협력에 대한 또 다른 오해는 협력을 '무조건 같이 하고 무조건 나누는 것'이라고 착각하는 것이다. 그래서 각 개인의 성향이나 방식과는 상관없이 '함께하지 않으면 문제 있는 것'으로 취급한다. 협력의 다양한 방식은 전혀 고려되지 않고 오직 '무조건 처음부터 끝까지 함께하는 것'만이 협력이 된다. 이 과정에서는 공동세계를 짓는 행위를 통해 드러나는/드러나야 하는 개인의 총체적 인격성이 말살된다.

학교 현장에서 학생들을 '걱정'하는 사람들 중에 이런 오해를 하는 사람들이 많다. 어떤 아이가 다른 아이들과 함께 어울리며 노는 것보다는 혼자 책을 읽고 혼자 노는 것을 좋아한다면서 이 아이가 '함께함'의 즐거움을 모르고 '협력'할 줄 모르게 되는 것 아니냐고 걱정하며 어떻게 해야 하냐고 물어보는 일이 꽤 있다. 이 질문을 하는 사람들이 생각하는 (처음에는 아니라고 하지만 끝까지 토론해보면 결국 그렇다고 실토하는) 협력이란 단 하나, 모두가 다 같이 움직이는 것이다.

이건 협력이 아니라 '동원'이다. 동원은 그게 자발적으로 보이는 순간조차도 자신을 드러내기 위한 자발적인 참여가 아니다. 이런 동원의 과정에서 드러나는 것은 스스로의 고유성이 아니라 집단의 일원으로서의 자신이다. 자기만의 고유한 의견을 가진 존재로 자기를 드러내는 것이 아니라 이미 정해진 집단의 목표에 충실히 따르는 존재로서 자기를 드러낸다. 협력의 방식에서도 마찬가지다. 오로지 강요된 하나의 협력 방식만 있고, 각자가 드러나는 다양한 협력의 방식은 무시된다. 획일주의적 동원(그것이 아무리 자발적이라고 하더라도)이 협력인 것처럼 가정될 때 협력은 혐오스러운 것이 된다.

이런 경우 물어야 하는 것은 그 아이가 '협력의 기술'이 없다는 걱정이 아니다. 왜 학교에서는 협력의 방식이 '모둠' 학습밖에 없는지를 물어야 한다. 많은 경우(다 그렇다는 것은 아니고) 모둠 학습은 내성적이고 수줍음이 많거나, 생각의 속도가 느리거나, 하나를 생각하더라도 곰곰이 깊이 있게 생각하는 사람들은 협력을 하고 싶어도 할 수 없는 구조다. 이런 모둠 학습에서는 순발력이 뛰어나고 즉각적이고 '활발한' 사람이 협력을 이끌어내고 협력의 기술이 있는 것처럼 보인다.

협력의 방식 자체가 획일화되면서 어떤 성향의 사람들의 '협력'만 활성화되고 다른 성향의 사람들의 협력의 역량은 죽고 있다. 어떤 성향과 조건의 사람들에게 유리한 방식으로 협력이 짜여져^{rigged} 있는 것이다. 다양한 사람들의 협력을 이끌어내는 것이 아니라 어떤 사람들을 협력의 능력이 없는 사람으로 낙인찍고 협력의 세계에서 배제하고 추방하는 역할만 한다. 이것을 '배제적 협력'이라고 말할 수 있으며 이런 배제적 협력은 '협력'이라는 이름으로 이 획일화된 협력의 세계에서 이미 유리한 자들의 '지배'를 정당화하는 역할만을 한다.

공통의 앎을 이끌어내는 기술

공동세계의 사활은 그 사회가 다양한 협력의 방식을 인정하고 그 협력을 이끌어낼 수 있는가 하는 점에 있다. 강의 시간을 예로 들어보자. 앞에서 이야기한 것처럼 수업 시간에 손을 들어 질문을 하기 위해서는 용기가 필요하다. 아렌트가 말한 것처럼 용기는 "사적인 은신처를 떠나 자기가 누구인가를 보여줄 때, 즉 자아를 개시하거나 노출할 때 이미 현존"[8]하는 것이기 때문이다.

그러나 이런 용기는 비록 권장되는 덕목이라고 하더라도 아무나 낼 수 없다. 설혹 그 교실이 무지한 자의 용기를 환대하는 공간이라고 하더라도 말이다. 공적인 자리에서, 공개적으로 손을 들고 질문을 하는 것이 두려운 사람들이 있다. 이들에게 강제로, 무조건 수업 시간에 손을 들고 질문을 하게 하는 것이 필요할까? 아니면 다른 방식으로 이들이 수업에 기여하게 하는 것이 필요할까?

보통 이런 경우 학생들은 수업 시간에 손을 들어 질문하지 않고 수업이 끝나고 난 다음에 조용히 찾아와서 질문을 한다. 그럴 경우 나는 일단 질문을 다 들은 다음에 "네가 한 질문은 참 좋은 질문이니 혼자 묻고 혼자 아는 것보다는 다른 학생들도 아는 게 좋겠다"며 다음 수업 시간에 다들 있는 자리에서 질문을 하는 게 어떻겠냐고 말한다. 질문이 혼자의 의문을 해소하는 게 아니라 공동세계를 만들어가는 과정이었으면 좋겠다고 덧붙인다.

이럴 경우 어떤 학생들은 그렇게 공개적으로 질문하기도 하지만 수줍음이 많거나 소심한 학생들은 질문을 '포기'한다. 이럴 경우에는 또 다른 제안을 한다. 네가 손을 들고 말을 하기가 힘들다면 이런 질문이 있었다고 내가 말을 하고 그에 대해 답을 하는 건 어떠

냐고 말이다. 대신 질문을 명확하게 하기 위해서 내가 학생들에게
알려줄 질문을 글로 적어서 나에게 보내달라고 말한다.

이렇게 했는데도 그 자리에서 자기에게만 답을 해달라고 말하는
학생들은 집으로 돌려보낸다. '나는 한 명 한 명을 가르치는 과외
교사가 아니며 너를 가르치는 행위는 곧 다른 학생들을 가르치는
행위와 연합할 경우에만 공적인 존재로서 내가 해야 하는 일'이라
고 생각해서이다. 남에게 기여하지 않고, 남과 나누지 않는다면, 그
공부는 헛것이며 그런 공부를 위해 내가 있는 것이 아니라는 점을
분명히 한다. 공부는 공동의 과정을 통해 공통의 앎을 만들어가는
과정이며, 그런 공부를 위해 가르치는 이가 존재한다고 말한다.

이런 점에서 '협력이란 끊임없이 새로운 것을 제안하는 과정'이
다. 누군가의 이야기를 듣고 난 다음에 그에게 새로운 제안을 계속
해서 그의 참여와 협력을 이끌어내는 적합한 방법을 찾는 것이 바
로 협력의 기술이다. 어떤 이야기를 듣고 "너의 이야기는 이런 말
이지?"라고 말하며 그의 말을 새로운 제안으로 돌려주는 것이 바
로 협력을 이끌어내는 기술이다. 소크라테스는 이런 대화를 잘했
다고 한다. 소크라테스는 "다른 말로 하면"이라는 말로 타인의 말
을 새로운 제안으로 돌려주며 그 사람이 참여하도록 했다는 것이
다.⁹

협력을 이끌어내는 대화를 하기 위해서는 말한 사람의 "의도와
맥락을 집어내어 명시적으로 만들고" "다른 말로 바꾸어 재진술"

해야 한다. 재진술을 해야 하는 이유는 "실제로 한 말이나 그들이 원래 의도했던" 말이 아니기 때문이다. 사실 "이런 말이지?"라는 말이나 네가 한 말을 "다른 말로 하면"이라는 말은 그가 한 말의 반복이 아니라 새로운 말이다. 그 말을 한 사람이 그 말을 다른 말로 들음으로써 그는 '다시 생각하게' 된다. 그가 들을 만한 새로운 제안인 것이다.[10]

따라서 협력을 이끌어내는 말은 분석이나 비판, 혹은 반복이 아니다. 이렇게 협력을 이끌어내는 말을 세넷은 '변위'라고 말한다. 말한 사람의 말의 위상을 바꾸어서 새로운 위치에서 그의 말을 바라보고 다르게 생각하게 한다는 점에서 이 말은 반복이나 비판이 아니라 '변위'가 된다. 이 변위를 통해 대화는 '진전'되며 이런 진전이 있을 때 사람들은 말을 하고 말을 듣는 것에 관심interest을 느끼며 계속 참여하고 말하는 행위, 즉 공동세계를 만드는 일에 협력하게 되는 것이다.

이 변위는 위로나 공감과는 크게 다르다. 위로나 공감은 공동세계를 짓는 협력을 이끌어내는 기술이 아니다. 그것은 단순반복이며 말하는 이를 제자리에 머무르게 하는 것에 지나지 않는다. 자신의 말을 새로운 제안으로 돌려받지 못함으로써 그에게는 진전이 없다. 제자리를 맴돌 뿐이다. 그래서 위로와 공감을 통해서는 위로하는 자만 돋보이게 되지 위로받는 자는 제자리, 즉 옛것에만 머물면서 새로운 것을 시작할 수 없게 된다.

소비자에서 협력의 기술자로

이런 변위와 새로운 제안의 기술이 충만한 공간이 하나 있다. 아이들이 뛰어노는 '공터'라는 공간이다. 공터에서 노는 아이들에게는 근원적인 불안이 하나 있다. 그것은 자기와 같이 노는 아이가 언제 재미없다며 노는 걸 그만두고 집으로 돌아갈지 모른다는 점이다. 저녁이 되어 부모가 밥 먹으라고 부르러 오기 전까지 놀아야 하는데 그러기 위해서는 놀이가 계속 재미있어야 한다. 재미가 없는 순간 상대가 가버리면 자기의 재미도 끝나기 때문이다.

그래서 공터에서 노는 아이들을 관찰하면 거기에는 끊임없이 세심한 관찰과 새로운 제안이 있다. 나랑 같이 노는 아이가 재미있어하는지 아닌지를 유심히 살펴야 한다. 그래서 조금이라도 지겨워하는 기색이 있으면 "이거 재미없다, 다른 거 하자"라고 미리 선수를 치거나 "이번엔 이렇게 한번 해볼까?" 하면서 게임에 변형을 가하는 등 끊임없이 새로운 제안을 해야 한다. 그 제안이 상대의 관심을 지속시키는 한에서만 나 역시 계속 놀 수 있기 때문이다. 끊임없이 새로운 제안을 하는 것, 그것이 협력을 이끌어내는 기술의 핵심이다.

이런 공터에서의 놀이는 놀이터나 놀이방에서의 놀이와는 매우 다르다. 놀이방에서의 놀이는 프로그램화되어 있다. 거기에서 노는 아이들도 제 나름의 창의성과 변형을 발휘하지만, 공터와 비교하면 짜인 대로 노는 편이다. 새로운 제안 역시 이 짜여 있는 프로그램의 한계 범위 내에서만 가능하다. 프로그램에는 놀이의 내용만 짜여 있는 것이 아니다. 놀이의 흐름도 짜여져 있다. 새로운 제안이라는 것이 흐름을 바꾸고 조정하는 것이라면, 이미 흐름마저 프로그래밍되어 있는 경우에는 새로운 제안이 들어설 여지가 별로 없다.

이런 놀이방에서의 놀이는 놀이가 아니라 소비에 가깝다. 짜여 있는 내용과 흐름에 따라 그대로 가면 그냥 재밌다. 돈을 주고 그 내용과 흐름을 소비하는 것이다. 여기에서는 어떤 기술도 발생하지 않는다. 다만 이 놀이가 재밌었는지 아닌지에 대한 소비자로서의 평가만 가능하다. 어렸을 때부터 새로운 제안을 하는 협력의 기술이 아닌 평가, 즉 품평하는 기술만 늘어가는 이유가 여기에 있다. 소비자는 제안하는 존재가 아니라 상대의 제안에 대해 품평하는 존재다. 제안과 관련해서 그는 완전히 무능하다.

그러므로 폐허가 되다시피 한 이 사회를 다시 세우기 위해 필요한 것은 '똑똑한 소비자'가 아니라 끊임없이 상대의 말을 새로운 제안으로 돌려줄줄 아는 '협력의 기술자'다. 그리고 이런 활동이 활성화되고 보호받고 안전할 수 있을 때 우리는 이 시대와 사회에 대해 다시 희망을 가질 수 있을 것이다. 안전을 위해 활동을 중지하고 도망가는 게 아니라 바로 활동이 안전한 사회를 만드는 것에 우리 존재의 사활이 걸린 이유가 바로 여기에 있다.

리셋 너머, 평등과 민주주의

나는 이 책의 3부 2장에서 미리 살아본 자만이 '이후'를 살아갈 수 있다고 말했다. 미리 살아 본 삶의 핵심은 다른 사람을 그 사람의 속성으로 범주화하여 바라보지 않고 그저 그 사람을 그 사람으로 바라보게 되는 것이라고 말했다. 이종영이 말한 '개별적이면서도 보편적인 존재'로 다른 사람을 바라보게 된다는 것이 바로 그런 의미다. 이것이 해방이다.

이런 해방을 우리가 미리 맛보는 특별한 시공간이 있다. 이 글을 쓰는 동안 100만 명이 넘는 사람들이 바로 그런 시공간을 맛보았다. 박근혜 대통령의 퇴진을 촉구하며 11월 12일 서울광장에서 광화문까지 모인 이들이 그들이다. 이날, 이 장소에 모인 사람들은 서로에게 '동료 시민'이었다. 그 자리에 있던 청소년들, 여성들, 성소수자들, 장애인들, 비정규직 노동자들, 이주노동자들은 스스로의 이름을 내걸고 자신들의 목소리를 냈다.

나는 이날을 기억하는 것이 리셋을 넘어 새로운 사회를 꿈꾸는 기초라고 생각한다. 그것은 100만 명이나 되는 사람이 모였다는 뿌듯함 혹은 내내 지는 싸움만 하다 드디어 이기는 싸움을 했다는 환호를 넘어선다. 나아가 그 자리에 선 모두가 동등한 힘과 목소리를 가졌으며 평등하게 나라의 변화에 힘을 보탠 동료 시민이었다는 것을 기억하는 것이 중요하다.

우리 모두는 존엄에 있어 평등하다. 인간 모두가 존엄하다는 것만으로는 부족하다. 평등이 강조되어야 한다. 인간이 지향하는 평등이 경제적·정치적 권리의 평등에만 그쳐서도 안 된다. 존엄이 강조되어야 하기 때문이다. 우리가 평등하다면 바로 그 존엄에 있어서 평등하다는 것이 새로운 삶의 기초가 되어야 한다. 모두가 평등하게 존엄하기 때문에 삶의 전 공간에서 모두를 동료 시민으로 대하는 것, 이것이 새로운 사회를 만든다.

경제학자 홍기빈이 정확하게 지적한 것처럼 바로 이 지점이 1987년의 민주주의가 멈추었던 곳이다. 1987년의 민주주의는 군사독재를 끝내고 정치적 민주주의를 도입하는 데는 성공했지만 삶의 민주화에는 실패했다. 학교에서 학생들은 '교복 입은 동료 시민'이기보다는 여전히 '잡아야 하는' 학생이었다. 여성들은 사회 진출을 보장받은 것처럼 보였지만 경제 위기 국면에서는 여전히 가장 먼저 해고를 당했다. 학교와 가정, 공장과 사무실, 우리의 일상 공간 앞에서 1987년의 민주주의는 멈췄다.

민주주의가 멈춘 곳에서 혐오와 폭력, 차별이 독버섯처럼 자랐다. 투표소에서만 평등한 사회에서 사람들의 존엄은 여지없이 무너졌다. 곳곳에서 터져 나오는 성폭력, 비정규직 노동자를 노예처럼 부려먹고 한계 너머로 밀어붙이는 노동 착취, 끊임없이 모욕을 강요당하는 소위 갑질과 감정노동 등. 이 모든 것은 다른 사람을 평등한 동료 시민으로 대하지 않는 민주화의 실패를 뼈저리게 증언하고 있다.

그러므로 우리가 다시 시작해야 하는 지점이 여기다. 우리가 멈춘 곳에서 다시 시작해야 한다. 투표소에 표를 찍으러 갈 때만 '동료 시민'인 것이 아니다. 대의제 앞에서 멈춰버린 민주주의를 그 너머로 밀어붙여야 한다. 왕을 뽑고 그 왕에게 우리의 권리를 위임한 뒤 다시 삶의 자리에서는 노예로 내려오는 것이 민주주의가 아니다. 차라리 왕의 머리를 잘라버림으로써 왕의 부재 이후 발생하는 모든 정치적 책임을 지는 것이 민주주의다.

우리 모두는 모든 곳에서 동료 시민이다. 우리가 동료로서 평등하다는 것은 무엇보다 우리가 서 있는 법이 같다는 것을 말한다. 우리에게 적용되는 법이 다른 곳에서 평등은 있을 수 없다. 누차 강조하지만 정규직과 비정규직은 서로 사적으로 친밀한 사이는 될 수 있을지 몰라도 근본적으로 우정을 나눌 수 있는 주체가 될 수 없다. 우정이란 평등한 자들 간의 관계를 말하기 때문이다. 법이 다른 곳에 우정은 없다. 평등할 때에만 민주주의에 대한 책임을 함께 나눌 수 있다.

두 번째로 동료 시민이 된다는 것은 그들을 나와 같은 행위의 주체, 특히 말의 주체로 인정하는 것이다. 앞서 말한 것처럼 11월 12일 우리가 광장에서 경험한 것이 바로 이 말하는 존재로서 우리 모두가 동등하다는 것이다. 여성이 말을 했고, 청소년이 말을 했고, 장애인이 말을 했고, 성소수자가 말을 했다. 그리고 광장에 모인 이들이 박수를 쳤다. 그 박수는 인정이다. 그들의 말이 경청할 만하다는 것을 인정하는 것이 박수다.

그러므로 박수는 일종의 서약이다. 내가 앞으로도 당신들의 말을 말로 인정하고 경청하겠다는 서약이 바로 박수다. 그 자리에서 청소년의 말이 들을 만하다고 박수를 친 사람이라면 학교에서도, 가정에서도, 길거리에서도 그들의 말을 역시 들을 만한 말로 대해야 한다. 그들을 '그날만' 단지 동원의 대상으로 생각한 것이 아니라면 말이다. 그러므로 박수를 친 자는 결단을 내려야 한다. 앞으로도 내가 그들을 동료 시민으로 대할 것인지 아닌지 말이다.

만일 아니라면 그들을 동원의 대상, 즉 '쪽수'로만 여겼다는 것을 고백해야만 한다. 100만이라는 숫자를 채우는 하나의 '점'으로만 여겼다고 말이다. 내가 '점'으로 그 자리에 서 있는 것은 민주주의지만 상대가 나를 '점'으로 여기는 것은 민주주의에 대한 파괴다. 민주주의는 동료 시민을 동원의 대상으로 여기는 순간부터 파괴되고 부패된다. 그것이 바로 1987년 이후의 민주화가 우리에게 남긴 뼈아픈 교훈이다.

나는 이 차이를 아는 것이 중요하다고 생각한다. 100만이라는 숫자에 열광할 때, 그 열광이 '점'이 된 나의 열광일 때 민주주의가 되는 것이다. 반면 내 옆에 선 이가 나를 '점'으로 여겼다면 그는 나를 비롯하여 그 자리의 누구도 '동료 시민'으로 여기지 않은 것이다. 그 자리의 누구도 동료 시민으로 여기지 않기에 시위 현장에서도 여성이나 장애인, 성소수자 등 약자를 도구화하고 성적 대상화하는 등 폭력을 휘두르며 그들의 존엄을 짓밟는다. 100만에 대한 열광 속에서 봤어야 하는 것은 내 옆에 선 이들의 '얼굴'이다. 민주주의를 만드는 협력은 내가 기꺼이 점이 되는 것에서 시작되고, 존엄은 옆에 선 이를 점이 아닌 동등한 목소리이자 얼굴로 기억하는 데서 시작된다.

나는 우리 사회의 미래가 여기에 달려 있다고 믿는다. 협력과 존엄. 광장에서 점이 되기를 두려워하지 말자. 기꺼이 점으로 협력하자. 그러나 광장에 나란히 점으로 있던 다른 이의 얼굴을 기억하자. 그 얼굴이 가진 나와 평등한 존엄, 나와 평등한 목소리의 힘을 기억하자. 삶의 전 영역에 드리워진 히드라처럼 증식하는 왕의 목을 치자. 만약 내가 왕이라면 기꺼이 내 목을 치자. 그래서 삶의 전 영역에서 '동료 시민'으로 서로 만나자. 민주주의가 실패한 곳에서 우리 다시 만나자.

나는 이 책을 쓰는 동안 많은 이들의 도움을 받았다. 학교를 넘어 도서관이나 공부모임 등에서 만난 청소년에서부터 노인까지 다양한 연령층의 사람들, 교사에서부터 요리사까지 다양한 직업군의 사람들이 자신의 삶과 경험 그리고 지혜를 나눠주었다. 독일에서 공부하고 있는 김강기명이나 제3시대그리스도교연구소의 정용택, 『노오력의 배신』을 같이 쓴 하자센터의 거품과 아키, 바른돌 등 친구들은 자신의 아이디어와 공부를 아낌없이 선물해주었다. 이들뿐만 아니라 많은 연구자들이 글을 쓸 때 인용 출처를 밝히기 어려운 술자리나 환담의 장소에서 배운 것을 이 책에 사용할 수 있도록 해주었다. 연락해서 인용을 해도 되는지 물을 때마다 흔쾌히 허락해준 이들 모두에게 감사한다. 조한혜정 선생님과 장봄 등 연세대학교 문화학협동과정의 선생님들과 동료들, 그리고 류은숙, 김영옥 선생님 등 인권연구소 창의 식구들은 항상 치열하게 토론하며 생각을 벼리게 해주는 동료들이다. 또 이 책을 만드는 데 온 정성을 쏟은 편집자 윤동희와 창비의 출판노동자들에게 감사한다.

마지막으로 독자들에게 드릴 말씀이 있다. 나를 연구의 세계로 이끈 조한혜정 선생님이 가르쳐주신 것이 있다. 연구자는 인용할 수 있는 글과 말이 있을 때 기뻐해야 한다고 말이다. 자기가 가지고 있는 생각이 혼자만의 것이 아니라 이미 다른 사람들도 하고 있는 것이라면 실망할 것이 아니라 기뻐해야 한다는 말이었다. 그래서 책뿐만 아니라 여러 곳에서 보고 들은 것의 출처를 밝히기 위해 최대한 노력했다. 그럼에도 아마 빠진 부분들이 있을 텐데, 필자에게 스스럼없이 지적해주기를 바란다.

이 절망스러운 시대에 모든 것을 다 그만두고 싶을 때 살아 있는 자의 의무를 잊어버리지 않게 한 세월호 희생자들과 유가족, 백남기 선생님과 유가족 분들께 정말 감사드린다. 이분들은 나에게 아직 사람이 패배하지 않았다는 것을 가르쳐주었다.

주석

제1부 리셋을 원하는 사람들

1장 "싸그리 망해버려라"

1 분노와 무기력의 관계에 대해서는 『공부 중독』, 위고 2015를 같이 쓴 하지현 교수와의 여러 차례 만남이 영감을 주었다. 졸고 「학교가 정글로 느껴져선 안 돼… 긴 호흡으로 삶 준비하게 도와야」, 『한국일보』 2016년 6월 24일자 참조.

2 쏨의 이야기에서 내가 흥미를 느낀 것을 좀 더 살펴보자. 그는 오사와 마사치의 자아 정체성/동일성의 개념을 끌어와 잉여, 오타쿠와 자기계발 주체, 사토리, 리셋-과격화라는 네 가지 축으로 서사적 주체의 불/가능성을 배치하며, 잉여와 오타쿠, 사토리에 대해 비평했던 여러 필자들의 글을 리뷰했다. 그는 잉여들이야말로 "이화를 유도하는 작품에 몰입하고 열광하고 있는 것"이고, "오타쿠는 그 반대로 몰입을 유도하는 작품을 두고 거리감을 두고 있는 것"이라고 말한다. 이런 점에서 또한 그는 "주체의 자기동일성을 되찾고자 하는 욕망"이 좌절된 오타쿠는 "현실에의 몰입"을 추구하며 "냉소적 거리감을 상실한 채 '신경계를 직접 자극하는 듯한 강렬함 (…) 자해 행위 중독'과도 닮은 행위에 빠져든다"고 지적한다. 그리고 이런 오타쿠와 닮은 것은 자기 계발 주체라는 견해를 밝힌다. 잉여가 냉소하고 오타쿠나 자기 계발하는 주체는 현실로의 도피로 회피하고 사토리 세대는 유예한다. 그리고 이 모라토리움의 상황에서 리셋하는 주체는 전쟁을 하는

것이다. 그의 논의는 다음을 참조. https://painfulness.wordpress.com/tag/%EC%
9E%90%EA%B8%B0%EA%B3%84%EB%B0%9C/.

3 조한혜정·엄기호 외『노오력의 배신』, 창비 2016 참조.

4 실제로『노오력의 배신』을 쓰면서 나와 연구진이 가장 많이 들었던 말 중의 하나
가 "차라리 전쟁이 터졌으면 좋겠다"라는 말이었다. 전쟁이 터지면 다 죽고 망하
는 것 아니냐는 말이었다.

5 청년담론인 잉여를 시간성의 문제로 분석한 또 다른 글로는 모현주「저생산 시
대 한일 청년 잉여 세대의 등장과 시간성의 문제」,『창조적 공동체를 살다/살리
다』, 비매품 2013이 있다.

6 존 듀이『존 듀이 민주주의와 교육(개정·증보판)』, 교육과학사 2007, 93~109면
참조.

7 같은 곳 참조.

8 리처드 세넷『뉴캐피털리즘』, 유병선 옮김, 위즈덤하우스 2009, 218면.

9 파국의 시대의 정념에 대해서는 문강형준의『파국의 지형학』, 자음과모음 2011,
202~10면 참조. 그는 여기서 니체의 니힐리즘으로 나와 비슷한 작업을 수행했
는데, 원한 품은 노예, 냉소하는 잉여, 분노하는 테러리스트의 세 형태로 구분했
다. 사실 이 책은 꽤 오래전에 나왔는데 나는 이 책의 연구 작업을 끝낸 후에 그
를 참조하게 되었다. 한편으로는 너무 늦게 보게 된 나의 게으름에 대해 부끄러
움을 느끼지만, 나보다 앞서 비슷한 고민을 하고 책으로 펴낸 분이 있다는 것에
큰 기쁨을 느낀다.

10 졸저『우리가 잘못 산 게 아니었어』, 웅진지식하우스 2011, 57면.

11 하지현 교수와 함께 쓴『공부 중독』, 위고 2015는 이들 '공부 중독자'들에 관한
책이다.

12 니체가 사용한 개념이다. 이에 대해서는 많은 연구와 주석이 있지만 이 글에
서 사용하는 의미는 "불공평한 세상에 대한 일종의 패배주의적 분노"라고 말하
는 리처드 세넷『투게더』김병화 옮김, 현암사 2013, 92면의 옮긴이 주석과 같다.
『투게더』에서 세넷은 "민중의 이름을 내걸고 밀실 거래를 통해 이루어진 개혁"
을 추구하는 "사회의 엘리트들이 억압된 자들의 편에 설 뿐 평범한 사람들 편에
는 서지 않는 것처럼" 보이는 현실에서 원한이 확산되고 확고해지는가에 대해
말하고 있다.

13 후지와라 신야『황천의 개』, 김욱 옮김, 청어람미디어 2009, 13~14면.

14 졸저『아무도 남을 돌보지 마라』, 낮은산 2009에서 신자유주의 시대에 '타인의
고통을 외면하는 기술'을 터득해야 했던 현실을 다루었다.

1 한병철은 성과 사회의 조동사는 "해야 한다"가 아니라 "할 수 있다"라고 말한다. 이런 상황에서 복종적 주체는 긍정의 주체로 변모한다. 한병철『피로사회』, 김태환 옮김, 문학과지성사 2012, 83면 참조.

2 긍정은 우리 시대의 과학이자 신학이다. 이에 대해서는 바버라 에런라이크『긍정의 배신』전미영 옮김, 부키 2011 참조.

3 조한혜정·엄기호 외『노오력의 배신』, 창비 2016에서 '노오력'이 배신당하는 현실을 깊이 있게 다루었다.

4 한병철, 앞의 책 103면 참조.

5 한병철은 "성과주체는 자기 자신과 전쟁 상태"에 있다고 말하며 "우울증은 긍정성의 과잉에 시달리는 사회의 질병으로서, 자기 자신과 전쟁을 벌이고 있는 인간을 반영한다"라고 말한다(한병철, 앞의 책 28면 참조). 노오력과 소진에 대해서는 박권일도 칼럼 등을 통해 많이 이야기해왔다. 박권일「'헬조선', 체제를 유지하는 파국론」,『황해문화』90호, 2016년 봄호 참조.

6 발가벗겨진 삶에 대해서는 조르조 아감벤『호모 사케르』, 박진우 옮김, 새물결 2008 참조.

7 나는 이 말을 누구와의 대화에서 듣고 참고문헌을 찾았는데 기록에 없다. 다만 내가 생각한 것이 아니라는 것을 확실히 하기 위해 주석에 달아둔다.

8 박권일, 앞의 글 77면.

9 만능감은 자기가 마음만 먹는다면 뭐든지 다 할 수 있다고 생각하는 것을 말한다. 정신의학자 하지현은 나와의 대담에서 만능감은 발달 초기 단계에는 엄마 품을 떠나 바깥으로 나가기 위해 중요한 요소이지만 오래 간직하면 문제적이라고 말했다. 사실 사람이 성장한다는 것은 내 마음대로 되지 않는다는 것을 깨닫는 과정인데 만능감을 보존하기 위해 실제 타석에 들어서지 않는 현상을 성찰하기 위해 사용한 개념이다. 이에 대해서는 하지현·엄기호『공부 중독』, 위고 2015 참조.

10 공정함에 대한 이야기는 오찬호『우리는 차별에 찬성합니다』, 개마고원 2013 참조.

11 이런 불안을 근대에 대한 배신이라기보다는 근대의 논리적 귀결로 볼 수도 있다. 바우만은 이것을 '근대 특유의 약속'이라고 말한다. "우리의 강박적인 불안감의 경험이 어디서 유래했는가를 볼 때, 줄어들 줄 모르고 치유될 줄 모르는 불안감은 이른바 '기대 상승'의 부수적 효과"이며, 근대 자체가 불안을 통제한다고

하면서 기대를 상승시켰기 때문에 "안달하는 희망과 무력한 현실에 대한 모욕 감이 어우러져 불안정 상태"가 되며 "불안이 새로운 욕망으로 변환"된다는 것이다. 지그문트 바우만 『유동하는 공포』, 함규진 옮김, 산책자 2009, 214~15면.

12 자책에 대한 사회학적 분석은 에바 일루즈 『사랑은 왜 아픈가』, 김희상 옮김, 돌베개 2013, 275~79면 참조.

13 미셸 푸코 『헤테로토피아』, 이상길 옮김, 문학과지성사 2014, 11~26면 참조.

14 졸저 『교사도 학교가 두렵다』, 따비 2013에서 학교현장의 실상을 깊이 있게 다루었다.

15 안전한 관계에 대해서는 김찬호 『모멸감』, 문학과지성사 2014와 그에 대한 서평 형식의 칼럼 정희진 「안전한 관계」, 『한겨레』 2014년 10월 17일자 참조.

3장 자아탐닉에서 자기파괴로

1 지그문트 바우만 『현대성과 홀로코스트』, 정일준 옮김, 새물결 2013, 175~80면 참조.

2 "그래서 내가 사람들에게 얼마나 끔찍한 일을 하고 있는가, 라고 말하는 대신, 나의 의무를 이행하는 가운데 내가 얼마나 끔찍한 일을 목격해야만 하는가, 내 어깨에 놓인 임무가 얼마나 막중한가, 라고 살인자들은 말할 수 있게 되었다." 한나 아렌트, 『예루살렘의 아이히만』, 김선욱 옮김, 한길사 2006, 174면.

3 조르조 아감벤 『호모 사케르』, 박진우 옮김, 새물결 2008, 45~46면 참조.

4 현대문명의 나르시시즘 경향과 그 위험성에 대해서는 이미 많은 학자들이 말해왔다. 그중에서 대표적인 것이 크리스토퍼 라쉬 『나르시시즘의 문화』, 문화과지성사 1989이다. 그는 이 책에서 일차적 나르시시즘은 유아에게서 볼 수 있는 것으로서 "어머니에 대한 의존을 자신의 전능으로 오인"하는 것이라고 말한다. 이에 반해 "불안과 죄악감에 대한 방어로서 장엄한 대상 이미지의 구체화에 전념"하는 2차적 나르시시즘은 병리적이다. 이 나르시시즘은 "현대 생활의 긴장과 불안에 대처하는 최상의 길인 듯이 보"인다. "모든 시대가 자체의 독특한 병리 형태"를 가지는데 병리적 나르시시즘이 바로 이 시대의 유형인 것이다. 이 "새로운 나르시시스트는 죄악감이 아니라 불안감에 시달"리며 "다른 사람들에게 자신을 납득시키려고 하는 것이 아니라 인생의 의미를 발견하려고" 애쓴다. 2차 나르시시즘의 특성은 "타인에 대한 의존의 두려움, 결합된 타인들이 제공하는 대리적 온정에의 의존, 내면적 공허, 무수히 억압된 분노, 그리고 충족되지 않은 구강의

갈망"과 함께 "위장된 자기 통찰, 계산적인 유혹, 신경질적이고 자기 경시적인 유모" 등이 있다.

그는 이 책에서 에리히 프롬 등의 나르시시즘에 대한 정의를 도덕주의적이며 인간 존재에 대한 은유로 사용하고 있다고 비판한다. 그에 반해 그는 현대의 나르시시즘을 분석하기 위해서는 정신분석학적인 이론적인 정확성이 중요하다고 말한다. 개인을 무시하고 무리하게 나르시시즘을 "상식적인 인상"으로 사회에 대한 담론으로 만드는 것에 대한 비판이다. 그는 현대 인간의 특징을 "심리인"이라고 말하며 문제를 제대로 파악하기 위해서라도 "사회에 등을 돌리고 개인의 무의식에 잠입하는 바로 그 행동에서 우리들에게 사회 자체의 내면 작용에 관하여 무엇인가를 말하고" 있는 정신분석학적 분석이 필요하다고 말한다.

정신분석학의 용어를 '무리하게' 인간과 문화에 대한 '은유'로 사용하는 것에 대한 그의 비판은 경청해야 한다. 그러나 이 책에서 나의 관심은 그가 비판하는 바로 그 사회과학적 관심이다. 기든스 등 성찰적 근대화론자들의 주장에 따르면 지금은 2차 근대화의 시대다. 그러나 그들이 2차 근대화라고 부르는 이 시대에 우리가 목도하고 있는 것은 성찰성의 확대와 가속화가 아니라 오히려 성찰성의 죽음이다. 내 관심은 2차 근대화의 방향이 왜 그들이 말한 것과는 달리(물론 그들도 역-근대화를 경고하기는 했지만) 정반대로 달리고 있는가 하는 점이다. 이런 점에서 나는 나르시시즘을 그의 비판과는 '정반대로' 개인의 '병리'를 '진단'하는 언어가 아니라 사회와 문화를 두껍게 기술하는 '비평'의 언어로 사용할 것이다. 이 책에 나오는 우울, 공황, 망상 등 다른 언어들 역시 마찬가지로 현대인들 개인의 심리와 정신 상태에 대한 정신분석학적·심리학적 진단의 언어가 아님을 다시 한번 강조한다. 그런 개인에 대한 '진단'은 정신분석학자·정신의학자들의 몫이지 내가 할 수 있는 일이 아니다.

5 이 책의 논점에서 벗어나기 때문에 주석에서 이야기하지만 나는 순교자적 나르시시즘 외에 자기를 파괴하는 다른 나르시시즘이 '자기관리의 나르시시즘'이라고 생각한다. 사실 거울에 비친 내 모습을 보며 바로 매혹되는 경우는 거의 없다. 현대인들은 거울에 비친 자신의 모습을 보고 외모에서부터 능력과 노력 등까지 모든 것이 부족하다고 느끼게 된다. 그래서 거울에 비친 자신의 모습을 혐오한다. 스스로가 취할 정도로 매혹적이지 못한, 그래서 '남들처럼' 취할 수 없는 자기 자신에 대한 혐오에 빠지는 것이다. 자기혐오에 빠진 사람은 누구보다 자신을 가꾸어야 하고 자신을 염려해야 한다. 매일매일 거울을 들여다보며 자기를 '계발'하고 '관리'해야 한다. 자신을 매혹적인 존재로 만들어야 한다. 그래서 우리는 거울에 비친 나에 만족하지 못해 학대하기도 하지만, 동시에 그렇게 스

스로를 학대하면서까지 아름답고자 노력하는 자신의 아름다움에 빠진다. 스스로에 대한 자신감의 원천은 자기도 푹 빠질 정도로 아름다운 자기 자신이 아니라, 그렇게 관리하고 있는 자기 자신이다. 지금 눈앞에 있는 거울에 비친 내 모습이 추할 때조차도 다른 거울을 통해 자신에 대해 매혹되게 하기 때문이다. 즉 나르시시스트가 자기성찰을 위해 필요한 '또 하나의 거울'이 자기관리의 시대에는 자신의 추한 모습을 돌아보며 부끄러움을 느끼게 하기는커녕 오히려 스스로에게 매혹되게 하는 장치로 배치되어 있기 때문이다.

6 근대 초기의 개인화가 의미하던 바가 바로 이것이다. 바우만은 이것을 "공동체적 의존과 감시, 강제로 빈틈없이 짜인 조직으로부터의 인간의 '해방'"이라고 말한다. 지그문트 바우만 『액체근대』, 이일수 옮김, 강 2009, 52면.

7 나르시시즘과 자기애의 차이에 대한 영감은 한병철 『에로스의 종말』, 김태환 옮김, 문학과지성사 2015에서, 사랑과 타자성의 관계는 알랭 바디우 『사랑 예찬』, 조재룡 옮김, 길 2010과 롤랑 바르트 『사랑의 단상』, 김희영 옮김, 동문선 2004에서 얻었다.

8 "라캉은 자아란 통일성과 숙달된 느낌을 주는 환영적 이미지에 근거한 것이며 이러한 연속성과 통솔감에 대한 착각을 유지시키는 것이 자아의 기능이라고 주장했다. 다른 말로 자아의 기능은—파편화와 소외라는 진실의 수용을 거부하는—오인의 하나이다." 숀 호머 『라캉 읽기』, 김서영 옮김, 은행나무 2014, 55면.

9 같은 책 59면.

제2부 리셋을 부르는 세상

1장 좋은 삶이 불가능한 국가

1 바우만은 위험과 그로부터 파생되는 위험을 세 가지로 구분한다. "신체와 재산을 위협하는 위험" "사회질서의 지속가능성과 안정성을 위협하며 생존 자체를 위협하는 위험" "사회적 입지가 좁아지거나 추방당하기 쉽도록 만드는 위험"이 있다. 지그문트 바우만 『유동하는 공포』, 함규진 옮김, 산책자 2009, 14면. 시장의 변덕에 대해서는 지그문트 바우만 『모두스 비벤디』, 한상석 옮김, 후마니타스 2010, 27~29면 참조.

2 사회의 가능성과 불가능성에 대한 이야기는 제3시대그리스도교연구소의 정용택 연구원과 여러 자리에서 나눈 이야기들이 크게 도움이 되었다.

3 미셸 푸코 『"사회를 보호해야 한다"』, 김상운 옮김, 난장 2015, 289면.

4 같은 곳.

5 류동민 『일하기 전엔 몰랐던 것들』, 웅진지식하우스 2013, 27~35면 참조.

6 지그문트 바우만 『현대성과 홀로코스트』, 정일준 옮김, 새물결 2013, 323면.

7 "합리성과 윤리가 반대의 방향을 가리키는 체제에서는 인간이 주된 패배자이다." 지그문트 바우만, 같은 책 341면.

8 '무심한 신뢰 관계'라는 말은 어빙 고프먼의 "예의바른 무관심"에서 착안한 말이다. 예의바른 무관심은 "한 사람이 다른 사람에게 그의 존재를 느끼고 있음을 나타내기에 충분한 시각적 신호를 보내고, 이어서 자신의 주의를 다른 데로 돌림으로써 자기가 그에게 별다른 호기심이나 의도를 품고 있지 않다는 점을 표현하는 것"이라고 한다. 나는 이런 예의바른 무관심이 잘 작동할 것이라는 신뢰가 있는 사회에서는 서로에 대해 무심해질 수 있다는 점에서 이것을 '무심한 신뢰 관계'라고 표현했다. 고프먼의 "예의바른 무관심"과 이에 대한 설명은 김현경 『사람, 장소, 환대』, 문학과지성사 2015, 86면 참조.

9 「국립의료원 메르스 거점병원 지정에 저소득층 '유탄'」, 『한겨레신문』 2015년 6월 8일자.

10 울리히 벡 『위험사회』, 홍성태 옮김, 새물결 2006 참조.

11 두 죽음 사이의 선택은 압둘 R. 잔모하메드 「말하기와 죽기 사이에서」, 『서발턴은 말할 수 있는가?』, 로절린드 C. 모리스 엮음, 태혜숙 옮김, 그린비 2013, 244면.

12 안보(security)에서 안전(safety)으로의 전환에 대한 바우만의 논의를 참고해 이 책에서는 안전이라고 번역해 사용했다. 지그문트 바우만 『모두스 비벤디』, 후마니타스 2010, 27면 참조.

2장 모욕을 선물하는 사회

1 존 홀러웨이 『크랙 캐피털리즘』, 조정환 옮김, 갈무리 2013, 45~50면 참조.

2 같은 곳 참조.

3 「기간제 교사의 인권 시계는 거꾸로 간다」, 『한국일보』 인터넷판, http://www.hankookilbo.com/v/65f2b55e0e4e48b8897d8a50ef58946f.

4 명예에 대해서는 김현경 『사람, 장소, 환대』, 문학과지성사 2015, 91~104면 참조.

김현경은 이 글에서 명예와 존엄을 대비시키며 모욕을 명예의 문제로만 다루는 것에 대해 반대한다. 그에 따르면 명예가 쇠퇴하면서 모욕이 사회적 주변부로 옮겨간 것이 아니라 여전히 중요한 공적 의제이며 모욕은 존엄을 공격하고 무너뜨린다.

5 "귀족들은 봉사하다(servir)와 유지하다(maintenir)라는 두 단어로 축약할 수 있는 의무들을 가지고 있었다"는 말에서 이 특징이 단적으로 드러난다. 그들은 '불명예스러운' 형벌을 수반하는 범죄행위를 하면 귀족 신분을 잃었다고 한다. 중요한 점이 '불명예'에 있다. 삐에르 구베르 『앙시앙 레짐 1』, 김주식 옮김, 아르케 1999, 239~40면 참조.

6 김정연 「혼자를 기르는 법」 23화, http://webtoon.daum.net/webtoon/viewer/37313.

7 웬디 브라운 『관용』, 이승철 옮김, 갈무리 2010.

3장 각자도생, 공도동망의 정치

1 김홍중, 「서바이벌, 생존주의, 그리고 청년 세대 ─ 마음의 사회학의 관점에서」, 『한국사회학』 제49집 1호, 2015 참조.

2 졸고 「공부할 시간을 돌려드립니다」, 『시사인』 제442호, 2016.

3 그리스도교의 연대에 대해서는 인권연구소 창에서 진행했던 우리신학연구소 박영대 전 소장과의 대화에서 많은 것을 배웠다.

4 삐에르 구베르, 『앙시앙 레짐 1』, 김주식 옮김, 아르케 1999, 229면.

5 막스 베버 『경제와 사회: 공동체들』, 나남출판 2009, 414~15면.

6 의사인 친구의 페이스북에서 수치심과 죄책감의 관계에 대해 흥미로운 설명을 본 적이 있다. 알코올 의존증을 치료하는 과정에서 자신이 이겨낼 힘이 없다는 데서 오는 수치심을 힘이 있음에도 불구하고 행사하지 못하고 있다는 죄책감으로 이전하는 것이 중요하다는 내용의 댓글이 달려 있었다. 그후에 제3시대그리스도교연구소의 정용택 연구원이 자신의 페이스북에 그리스도와 죄의식에 대해 이야기하면서 "헬라어에서 죄와 빚은 동일한 단어"이기 때문에 "죄의식과 부채의식은 죄와 부채를 사면, 변제, 탕감하면 더 이상 남지 않는 감정"이라고 말했다. 반면 "예수는 채권자가 아니라 차라리 스캔들"이다. 이 둘의 차이에 대해 그는 "죄의식/부채의식은 그 죄/빚의 당사자에 대한 사죄/변제/탕감을 궁극적인 목표로 설정하는(그래서 언제든 그 빚을 갚으면, 그 죗값을 치르면 우리의 관계

도 끝이라는 논리가 이면에 깔려 있는) 도덕적 충동을 수반하지만, 부끄러움이
나 거리낌, 불편함은 사실상 끝이 없는 성찰과 반성, 자기비판, 나아가 세계에 대
한 윤리적 참여를 자극한다"라고 했다. 정용택 연구원은 죄의식과 부끄러움의
차이에서 '감정이 향하는 방향'도 봐야 한다고 이후 말했다. "보수 기독교의 죄
의식은 신자 내면을 지향함으로써 궁극적으로는 신이 아니면 용서도 구원도 불
가능한 악무한의 세계로 인도하지만, 스캔들로서의 부끄러움은 내면보다는 자
신이 고통을 준 타인에 대한 책임감을 강조함으로써 내면의 지옥이 아닌 세계에
대한 긴장을 불어넣는다"는 것이다. 감정의 내용이 아니라 방향성이 중요하다
는 것은 사회와 사람에 대한 이야기에서 방향과 경향을 봐야 한다는 내 지론과
도 일치한다. 부채와 죄의식의 관계에 대해서는 데이비드 그레이버『부채, 그 첫
5000년』, 정명진 옮김, 부글북스 2011을 참조해도 좋다.
7 프리드리히 엥겔스『영국 노동계급의 상황』, 이재만 옮김, 라티오 2014, 63면.
8 프리드리히 엥겔스, 같은 책 67면.
9 프리드리시 엥겔스, 같은 책 90면.

제3부 리셋을 넘어서

1장 다시 존엄과 안전에 대하여

1 김환희「불온한 교사 양성과정을 위한 제안문」『오늘의 교육』, 35호, 2016.
2 지그문트 바우만『유동하는 공포』, 함규진 옮김, 산책자 2009, 101~3면.
3 이 절의 내용은 졸고「배우지 않아도 된다는 것을 배웠다」, 『시사IN』 408호,
2015를 바탕으로 했다.
4 존 듀이『민주주의와 교육(개정·증보판)』, 이홍우 옮김, 교육과학사 2007,
39~50면 참조.
5 강남역 10번 출구 주변의 포스트잇이 철거되기 전 경향신문은 육안으로 확인 가
능한 1004장의 포스트잇 내용을 전수조사하고, 그 내용을 책으로 펴냈다. 경향
신문 사회부 사건팀『강남역 10번 출구』, 나무연필 2016 참조.
6 압둘 R. 잔모하메드「말하기와 죽기 사이에서」, 『서발턴은 말할 수 있는가?』, 로
절린드 C. 모리스 엮음, 태혜숙 옮김, 그린비 2013, 248면.

7 안전한 관계의 중요성에 대해서는 김찬호 『모멸감』, 문학과지성사 2014와 이에 대한 칼럼인 정희진 「안전한 관계」 『한겨레신문』, 2014년 10월 18일자 참조.

8 지그문트 바우만 『유동하는 공포』, 함규진 옮김, 산책자 2009, 222~23면, 241면 참조.

2장 다시 리셋에서 전환으로

1 나뿐만 아니라 많은 사람들이 억울함이 한국인의 지배적인 정서인 것 같다고 말을 한다. 『잉여사회』, 웅진지식하우스 2013을 쓴 최태섭도 그의 SNS에서 이런 말을 한 적이 있으며 다른 여러 사람들의 SNS에서 들었던 이야기다.

2 졸고 「억장 무너져도 무기력에 지지 말자」, 『경향신문』 2015년 10월 13일자 참조.

3 움베르토 에코 『해석의 한계』, 김광현 옮김, 열린책들 1995 참조; 엄기호 『단속사회』, 창비 2014, 168면.

4 움베르토 에코, 앞의 책 446면.

5 같은 책 448면.

6 같은 책 448면.

7 리처드 세넷 『투게더』, 현암사 2013, 89면.

8 같은 책 88면.

9 같은 책 92면.

10 엄기호, 「'안녕'이라는 말걸기… 파괴된 세계를 재건하는 힘」 『경향신문』 2013년 12월 17일자.

11 '부수적'이라는 말은 지그문트 바우만 『부수적 피해』, 정일준 옮김, 민음사 2013에서 가져왔다.

12 슬라보예 지젝 『실재계의 사막에 오신 것을 환영합니다』, 김희진·이현우 옮김, 자음과모음 2011 참조.

13 미셸 푸코 『"사회를 보호해야 한다"』, 김상운 옮김, 난장 2015 참조.

14 이종영 『내면성의 형식들』, 새물결 2002, 372~403 참조.

15 같은 책 382면.

16 이 절에서 설명하는 이종영의 개념은 이종영 『내면성의 형식들』, 새물결 2002 참조.

17 같은 책 394면.

18 같은 책 393면.

19 같은 책 395면.
20 이것의 좋은 사례가 홍승은의 「강간문화, 당신은 안녕한가요?」, 『미디어 일다』이다. 그는 이 글의 후반부에서 "미국의 시인이자 페미니스트인 뮤리엘 루카이저는 한 여성의 시간과 몸의 서사에 세상 곳곳의 폭력과 차별이 배어 있고, 그 목소리가 다른 목소리들을 불러낼 거라고 말한다. 아직 다 털어내지 못한 이야기를 입가에 담고 있는 사람들의 망설임이 눈에 보인다. 나 역시 그렇다. 폴더에서 기다리는 글자 뭉치들. 언젠가 내가 이 폴더를 다 털어내는 날이 왔으면 좋겠다. 날 불러준 목소리에 대답하기 위해서라도, 내가 더 용기를 내는 날이 오길 바란다"라고 썼다. 나는 이보다 더 완벽하게 말걸기를 시도하는 글을 보지 못했다.
21 박민규 『아침의 문』 2010년 제34회 이상문학상 작품집, 문학사상사 2010.
22 사사키 아타루 『잘라라, 기도하는 그 손을』, 송태욱 옮김, 자음과모음 2012.

3장 다시 함께하는 삶으로

1 노명우는 이런 것의 대표적인 사례로 히키코모리를 든다. "히키코모리는 그가 은둔할 수 있는 조건을 마련해주는 누군가와의 관계를 전제로 하는 사람이다. 왕따가 타인들이 관계를 악용하여 만든 희생자라면, 히키코모리는 타인과의 관계성을 자신의 은둔을 위해 써먹고 착취하는 사람이다." 그는 자신이 말하는 '혼자라는 것'은 이런 관계의 희생양이나 착취자가 되는 것이 아니라 자율적이 된다는 뜻이라고 말한다. 노명우 『혼자 산다는 것에 대하여』, 사월의책 2013, 196면 참조.
2 필립 아리에스 외, 『사생활의 역사1』, 새물결 2002, 140면.
3 존 듀이, 『공공성과 그 문제들』 정창호 이유선 옮김, 한국문화사 2014, 23면.
4 그는 이것을 "혼자 사는 삶의 기능적 미분화를 각종 대행 서비스를 구매함으로써 얼마든지 편리하게 극복할 수 있다"라고 말한다. 이를 통해 홀로 있음은 개인의 능력의 문제가 되었다. 노명우, 앞의 책 217면.
5 한나 아렌트 『인간의 조건』, 한길사 1996, 239면.
6 같은 책 239면.
7 같은 책 243면.
8 한나 아렌트, 앞의 책 248면.
9 리처드 세넷 『투게더』, 현암사 2013, 47~48면 참조.
10 같은 책 39~55면 참조.

나는 세상을 리셋하고 싶습니다

초판 1쇄 발행 / 2016년 11월 30일
초판 4쇄 발행 / 2017년 5월 11일

지은이 / 엄기호
펴낸이 / 강일우
책임편집 / 윤동희
조판 / 황숙화
펴낸곳 / (주)창비
등록 / 1986년 8월 5일 제85호
주소 / 10881 경기도 파주시 회동길 184
전화 / 031-955-3333
팩시밀리 / 영업 031-955-3399 편집 031-955-3400
홈페이지 / www.changbi.com
전자우편 / nonfic@changbi.com